Julia Thiering

Mindset
Komplettset

100+ bewährte Techniken & Übungen

Wirksam das
Selbstbewusstsein stärken
und positiv denken

Blockaden lösen

Inhaltsverzeichnis

Einleitung **5**

Das Mindset wirkt sich auf alle Lebensbereiche aus 6

Wie Sie mit diesem Buch arbeiten 7

Grenzen und Potenziale 9

Positives Mindset – was genau bedeutet das? **11**

Die Macht regelmäßiger Routinen......................................15

8 Schlüsselmerkmale eines positiven Mindsets....................16

5 praktische Übungen zum Erkennen mentaler Muster 19

Selbstgespräche positiv gestalten **29**

3 Übungen, um Selbstgesprächen bewusst zu lauschen........33

5 Formulierungen, die Ihre Realität formen 37

20 Affirmationen zur Selbstmotivation 41

Blockaden verstehen und überwinden **47**

Stressbewältigung und Resilienz....................................**65**

5 Methoden zur Stressreduktion..68

3 Methoden, um sinnvoll Prioritäten zu setzen....................71

7 Tipps zum Aufbau von Resilienz 75

Ziele setzen und persönliches Wachstum fördern **81**

5 Aspekte von SMARTen Zielen...82

4 Teile der WOOP-Methode...85

4 verschiedene Arten von Zielen..89

6 Tipps für das Erreichen von Zielen....................................91

Erfüllte Beziehungen führen **95**

Niemand muss unglücklich allein sein 96

Growth Mindset in Beziehungen....................................98

7 Anzeichen einer glücklichen Beziehung........................... 100

5 Aspekte von Mindset in Beziehungen 105

5 Übungen, um das Mindset in Beziehungen
zu verbessern 106

Growth Mindset im Arbeitsalltag und Beruf **111**

Woran erkennt man ein Growth Mindset im Beruf?........ 112

10 Tipps für ein Growth Mindset im Beruf 114

Abschluss: Ihr persönlicher Aktionsplan **123**

Übungen für die Morgen- oder Abendroutine.................... 126

Übungen für Zwischendurch 127

Übungen für die Selbstreflexion 129

Quellen.. **133**

Einleitung

Ertappen Sie sich auch manchmal dabei, wie Sie pessimistischer denken, als es eigentlich angebracht wäre? Wie Sie darüber nachdenken, was in Ihrem Leben alles nicht funktioniert oder in der Vergangenheit schiefgegangen ist? Wie Sie sich selbst und Ihre eigenen Leistungen kleinreden? Vielleicht bemerken Sie dabei auch immer wieder, dass Sie in regelrechte Teufelskreise geraten? Dass Ihre negativen Gedankenspiralen dazu führen, dass die Dinge, die Ihnen wichtig sind, Ihnen weniger gut gelingen und Sie das Gefühl haben, Ihr eigenes Potenzial nicht verwirklichen zu können? Wenn Sie beim Lesen an der einen oder anderen Stelle genickt haben, dann verstehen Sie bereits, wie mächtig Ihre Gedanken sind – Sie haben nur noch nicht gelernt, diese Kraft auch *für* statt *gegen* sich zu nutzen.

Wir Menschen legen oft automatisch den Fokus auf das Schlechte statt auf das Gute. Dahinter steckt ein evolutionspsychologisch nützlicher Überlebensmechanismus: In prähistorischen Zeiten riskierten unsere Vorfahren schnell Kopf und Kragen, wenn sie einen Fehler begingen. Eine giftige Beere konnte man nur ein einziges Mal im Leben essen. Umso wichtiger war es da, Gefahren und Risiken stets im Blick zu behalten. Heutzutage leben wir jedoch in Zeiten, in denen das Leben ungleich ungefährlicher ist. Die Umwelt, in der wir uns bewegen, hat sich sehr verändert, die

Struktur unseres Gehirns ist allerdings die gleiche geblieben. Deshalb gibt es auch Situationen, in denen unsere Steinzeitgehirne uns das Leben unnötig schwer machen. Den Mechanismus, eher das Schlechte als das Gute zu sehen, bezeichnet man in der Psychologie als *Negativity Bias*. Glücklicherweise ist es möglich, unser Gehirn auszutricksen, um dennoch das Gute fest in uns zu verankern. Es ist nur ein wenig schwerer und erfordert bewusste Aufmerksamkeit. Klingt interessant? Dieses Buch kann Ihnen ein Schlüssel sein, um die nötigen Türen zu öffnen.

Das Mindset wirkt sich auf alle Lebensbereiche aus

Als Mindset bezeichnet man die Gesamtheit an tief verwurzelten inneren Glaubenssätzen. Glaubenssätze wiederum sind innere Überzeugungen und Grundannahmen, die man über sich selbst, über die Welt und über andere Menschen hat. Diese Überzeugungen sind häufig unbewusst und haben zu einem großen Teil ihren Ursprung in der Kindheit. Auch wenn uns unsere Glaubenssätze häufig nicht klar sind, beeinflussen sie dennoch unser tägliches Leben und Erleben. Die Erwartungen, die wir an eine bestimmte Situation haben, führen oft dazu, dass ebendiese Erwartungshaltung auch erfüllt wird. Ein Beispiel: Jemand, der sich selbst im Kern als wenig liebenswert oder als sozial inkompetent wahrnimmt, agiert im Umgang mit anderen von vornherein vorsichtig und zurückhaltend. Dies wiederum kann beim Gegenüber zu Irritationen führen, was den Beziehungsaufbau erschwert. Personen, die hingegen davon überzeugt sind, wertvoll, witzig und liebenswert zu sein, haben es oft leichter, Freunde zu finden und mit anderen Menschen in Kontakt zu kommen.

Ein negatives Mindset hat außerdem zur Folge, dass Sie sich selbst in Ihren Handlungsspielräumen hemmen. Sie tun dann Dinge nicht, die Ihnen eigentlich wichtig sind – aus Angst vor Versagen, aus fehlender Motivation oder weil Sie es sich nicht zutrauen. Wenn Sie jedoch lernen, Ihr Mindset zum Positiven hin zu verändern, können Sie damit eine Aufwärtsspirale anstoßen: Sie haben dann optimistischere Erwartungen, gehen zufriedener durchs Leben, werden automatisch eine starke Anziehungskraft auf andere ausüben und die Früchte Ihrer inneren Arbeit irgendwann auch anhand positiver Veränderungen im Außen genießen können. Ist Ihr Mindset negativ, werden Sie hingegen immer wieder in negative Gedankenspiralen geraten. Die Herausforderungen des täglichen Lebens kommen Ihnen dann zunehmend wie unlösbare Aufgaben vor, die Ihnen Stress bereiten und Ihnen Ihre eigene vermeintliche Unfähigkeit vor Augen führen.

Verändern Sie hingegen Ihr Mindset zum Positiven, können Sie zunehmend Herausforderungen als Chancen begreifen. Sie werden lösungsorientierter und selbstbestimmter agieren und sich insgesamt zufriedener, ausgeglichener und selbstbewusster fühlen. Und das Beste daran: Ein positives Mindset ist kein Hexenwerk. Indem Sie Ihre negativen Glaubensmuster analysieren und verstehen, können Sie sie Schritt für Schritt verändern und in positive Glaubenssätze umwandeln.

Wie Sie mit diesem Buch arbeiten

Dieses Buch besteht aus insgesamt sieben Kapiteln, die sich mit unterschiedlichen Lebensbereichen beschäftigen. In diesem Zusammenhang werden Sie lernen, wie Sie durch ein positives Mindset den Kontakt zu sich selbst, Ihre Ziele und Wünsche, Ihr Arbeitsleben und Ihre Beziehungen bereichern. Ebenso geht es darum, was Sie tun können, wenn Sie auf innere Blockaden stoßen und wie Sie mit stressigen und herausfordernden Zeiten umgehen. Dabei besteht jedes Kapitel aus einem Theorieteil und einem Praxisteil. Beide sind gleichermaßen unabdingbar für Ihr Vorankommen.

Der Theorieteil wird Ihnen dabei helfen, Hintergründe und Zusammenhänge zu begreifen. Sie verstehen so auf der Basis wissenschaftlicher psychologischer Forschungserkenntnisse, warum und auf welche Weise Ihr Mindset sich auf Ihr Leben auswirkt. Dies wird Ihnen dabei helfen, sich selbst zu reflektieren und die Motivation zu finden, sich tiefgreifender mit sich selbst auseinanderzusetzen.

Der Praxisteil jedes Kapitels umfasst Tipps, Techniken und Übungen, anhand derer Sie das Gelernte vertiefen und im alltäglichen Leben anwenden können. Dieser Teil ermöglicht Ihnen, die Theorie zum Leben zu erwecken und praktisch anzuwenden. Auf diese Weise gelingt es, die Brücke zwischen Theorie und Praxis zu schlagen, die nötig ist, um langfristige Erfolge zu verzeichnen.

Viele Menschen bevorzugen *entweder* die Theorie *oder* die Praxis. So gibt es jene, die sofort ins Tun kommen wollen und keine Lust haben, sich andauernde Ausführungen durchzulesen. Falls Sie zu jenen Personen gehören, seien Sie beruhigt: Der Theorieteil dieses Buches wird ausschließlich die Informationen enthalten, die für Sie relevant sind, und auf allzu langatmige Ausführungen verzichten. An der einen oder anderen Stelle werden Sie allerdings Beispiele oder Anekdoten finden, die das Geschriebene noch etwas bildhafter darstellen, um das Verständnis zu verbessern und die Erinnerung zu fördern.

Andere neigen dazu, sich unzählige Ratgeber durchzulesen, theoretische Konzepte im Kopf zu wälzen und letztlich nicht ins Tun zu kommen. Falls Sie zur zweiten Gruppe gehören: Keine Angst, die Theorie wird sicherlich nicht zu kurz kommen. Dennoch wird das Buch Sie immer wieder dazu anregen, auch tatsächlich aktiv zu werden. Allein durch die theoretische Auseinandersetzung mit den Inhalten werden Sie nicht weiterkommen. Auch wenn es manchmal beängstigend ist – es ist notwendig, auch wirklich aktiv etwas umzusetzen. Das können Sie getrost in Ihrem eigenen Tempo machen. Beginnen Sie ruhig klein. Fangen Sie mit den Übungen an, die Ihnen leichtfallen. Das ist vollkommen in Ordnung, solange Sie nicht vergessen, sich auch ab und zu immer wieder mit jenen Dingen zu konfrontieren, die Sie nervös werden lassen oder die sich etwas unangenehm anfühlen. Nur auf diese Weise werden Sie über sich hinauswachsen und langfristig etwas verändern können.

Grenzen und Potenziale

Wenn es Ihnen gelingt, aktiv mit diesem Buch zu arbeiten und zumindest einige der vorgestellten Übungen umzusetzen, werden Sie sicherlich einiges für sich erreichen können. Vielleicht werden Sie bemerken, dass Sie sich am Ende der Lektüre insgesamt optimistischer, selbstbewusster und zufriedener fühlen. Möglicherweise sind auch Nervosität oder Ängste, die bisher vorhanden waren, mit der Zeit kleiner geworden oder ganz verschwunden. Dennoch hat ein psychologischer Ratgeber natürlich nur eine begrenzte Wirkfähigkeit. Das, was Sie aus diesem Buch mitnehmen, hängt stark davon ab, was Sie an Aufmerksamkeit und Energie in Ihre innere Arbeit hineinstecken.

Darüber hinaus ist es jedoch wichtig zu erwähnen, dass ein solcher Ratgeber keinesfalls eine professionelle Psychotherapie ersetzen kann. Wenn Sie spüren, dass Ihre Gedanken ständig um Sorgen oder Ängste kreisen, dass Sie sich häufig als traurig oder hoffnungslos erleben oder dass Sie sich in Ihrem eigenen Kopf gefangen fühlen, dann ist es sinnvoll, sich anderweitig Hilfe zu suchen. Natürlich bedeutet das nicht, dass Sie nicht dennoch unterstützend weiterhin mit diesem Buch arbeiten können. Vielleicht sind Sie auch hochmotiviert und stellen trotzdem fest, dass Sie nicht so recht weiterzukommen scheinen. Auch in diesem Fall wird es Ihnen möglicherweise helfen, Ihre Themen und Fragen mit einer

Fachperson zu besprechen. Diesbezüglich eignen sich Psychotherapeuten, psychologische Beraterinnen, Coaches oder Heilpraktikerinnen. Glücklicherweise leben wir in einer Zeit, in der es einfacher denn je ist, sich Unterstützung zu suchen, wenn man spürt, dass man allein nicht vom Fleck kommt. Dabei handelt es sich keinesfalls um ein Zeichen von Schwäche. Vielmehr beweisen Sie dadurch, dass Sie Ihr Leben selbst in die Hand nehmen und proaktiv etwas unternehmen, um sich weiterzuentwickeln. Indem Sie sich dieses Buch zugelegt haben, sind Sie bereits den ersten Schritt gegangen.

Bevor wir nun ins erste Kapitel einsteigen, ein kleiner Disclaimer zum Thema gendergerechte Sprache: Es wird immer wieder Passagen geben, in denen eine biologische Geschlechtszugehörigkeit erwähnt wird, ohne dass es dabei jedoch um konkrete Personen geht. An diesen Stellen wird bewusst auf das generische Maskulinum verzichtet. Das Ziel ist es stattdessen, Männer und Frauen gleichermaßen zu repräsentieren, weswegen die männliche und weibliche Form (Therapeuten und Therapeutinnen, Ärzte und Ärztinnen) abwechselnd verwendet wird. Auch wenn dies zugunsten der Lesbarkeit so gehandhabt wird, sollen sich dadurch selbstverständlich Personen anderer Geschlechtszugehörigkeit nicht ausgeschlossen fühlen. Selbstverständlich werden jederzeit alle Geschlechter gemeint und angesprochen.

Positives Mindset – was genau bedeutet das?

In der Einleitung haben Sie bereits ein paar Sätze darüber gelesen, was ein positives Mindset ausmacht. Erinnern Sie sich: Das Mindset ist eine Anzahl (häufig unbewusster) Glaubenssätze. Glaubenssätze spiegeln wider, was wir über die Welt, uns selbst und andere denken. Sie beeinflussen, wie wir mit der Welt in Kontakt gehen und ob wir insgesamt eher eine positive oder eine negative Weltsicht haben. Die Einstellung wiederum hat Auswirkungen darauf, wie unser Umfeld auf uns reagiert – nicht immer, aber häufig entstehen auf diese Weise selbsterfüllende Prophezeiungen. Durch das, was wir denken, erschaffen wir uns unsere Welt. Verdeutlichen wir das Ganze an einem kleinen Beispiel:

Maik ist 35 Jahre alt und arbeitet seit einiger Zeit als Softwareentwickler in einer großen Firma. Bevor er dort anfing, war er lange Zeit als Freelancer tätig. Eine Ausbildung oder ein Studium hat er nie abgeschlossen – stattdessen hat er sich alles, was er weiß, autodidaktisch beigebracht. Dadurch, dass er seit seiner frühesten Jugend fasziniert von Computern ist, hat er sich über die Jahre einen riesigen Wissensschatz angeeignet und ist vor allem in praktischen Dingen vielen Kollegen, die frisch von der Uni kommen, weit voraus. Obwohl er sich in seinem Bereich als äußerst kompetent erlebt, trägt Maik in sich den Glaubenssatz, dass man eigentlich ein abgeschlossenes Studium bräuchte, um gut ausgebildet zu sein. Neben seinen studierten Kollegen fühlt er sich daher manchmal wie ein Hochstapler. In der Folge bleibt er häufig hinter seinem Potenzial zurück, traut sich wenig zu und ist auch in Gehaltsverhandlungen äußerst zurückhaltend. Als er schließlich beim Mittagessen mit Kollegen einmal herausfindet, dass sie bei Weitem mehr verdienen als er, fühlt er sich in seinem Glaubenssatz bestätigt. Würde er von seinem Vorgesetzten gleichermaßen geschätzt werden – müsste er dann nicht ebenso viel Gehalt verdienen? Auf die Idee, dass er weniger verdienen könnte, weil er nicht für sich einsteht, kommt Maik überhaupt nicht.

Sie sehen – das, was wir über uns und die Welt denken, und das, was wirklich im Außen entsteht, hängt oft zusammen. Dies betrifft nicht nur unsere Gedanken, sondern hat auch neurophysiologische Korrelate. Das bedeutet: Unsere Gedanken sind in der Lage, unser Gehirn zu verändern. Die Art und Weise, auf die das Gehirn arbeitet, beeinflusst wiederum die Gedanken und Gefühle, die wir haben. Das Gehirn ist plastisch bis ins hohe Alter hinein. Es ist veränderbar und reagiert dabei auf innere und äußere Reize. Die Gefühle, die wir fühlen, und die Gedanken, die wir denken, spiegeln sich in neuronalen Verbindungen im Gehirn und im Nervensystem wider. Je häufiger wir die gleichen Gedanken haben, umso stärker werden diese Verbindungen. Sie können sich das vorstellen wie einen Trampelpfad im Wald, der mit der Zeit so hoch frequentiert ist, dass er zu einem ausgetretenen Weg wird. Je besser der Weg im Dickicht nun zu finden ist, umso mehr Wanderer werden ihn auch nutzen.

Das Gleiche passiert im Gehirn: Je stärker die Architektur bestimmter neuronaler Verbindungen ist, umso häufiger werden wir auch die Gedanken denken, die damit zusammenhängen. Eine Veränderung ist immer möglich – je älter wir werden, desto mehr laufen jedoch auch innere „Programme" ab: Das heißt, im Grunde denken und fühlen wir dieselben Dinge immer wieder. Das bedeutet: Wenn wir regelmäßig üben, positive Gedanken zu denken und angenehme Gefühle zu fühlen, werden diese Gedanken und Gefühle immer schneller aktiviert. Dies funktioniert jedoch auch umgekehrt – je häufiger wir negative Gedanken denken und uns traurig oder mutlos fühlen, desto öfter werden wir diesen Gedanken und Gefühlen auch innerlich begegnen. Sicherlich verstehen Sie nun, warum es so sinnvoll ist, positive Gedanken bewusst zu fördern – ganz besonders, wenn Sie sich an den bereits erwähnten *Negativity Bias* zurückerinnern. Auf Basis evolutionärer Faktoren ist unser „default mode" so eingestellt, dass wir uns automatisch auf das Schlechte statt auf das Gute fokussieren. Umso wichtiger ist es, dem ganz bewusst etwas Positives entgegenzusetzen.

Im Jahre 2015 wurde eine Studie im Journal of Neuroscience veröffentlicht. In dieser Studie fand man heraus, dass eine Aktivierung einer bestimmten Gehirnregion, des sogenannten ventralen Striatums, dazu führt, dass positive Gedanken und Gefühle aufrechterhalten werden können. Ob und wie lange dieses Gehirnareal aktiv ist, lässt sich bis zu einem gewissen Grad bewusst steuern – beispielsweise, indem Sie sich bewusst positive Erfahrungen schaffen und Dinge unternehmen, die Ihnen guttun. Aber auch wenn Sie sich selbst Ziele setzen und diese erreichen, wird das mit Erfolg und Belohnung verbundene ventrale Striatum aktiviert. Ebenso wirksam können positive soziale Interaktionen sowie Achtsamkeit und Meditation sein.

An dieser Stelle soll allerdings erwähnt werden, dass ein positives Mindset nicht bedeutet, dass „negative" Gedanken oder Gefühle nicht sein dürfen. Wie bereits beschrieben, hat die Existenz von Angst und Vorsicht früher unser Überleben gesichert. Der Anspruch sollte nicht sein, sich immer gut und zuversichtlich zu fühlen – das ist schlichtweg nicht realistisch. Gemeint ist stattdessen die grundlegende, tieferliegende Lebenseinstellung. Ein positives Mindset zu haben bedeutet auch, sich manchmal unzufrieden oder traurig zu fühlen – und dennoch im Inneren optimistisch zu bleiben, dass sich alles zum Guten wenden kann. Wenn Sie positiv denken und sich besser fühlen wollen, dann bedeutet das nicht, dass Sie sämtliche unangenehmen Gedanken ab sofort verdrängen sollten. Im Gegenteil: All das, was wir verdrängen, findet in der Regel über Umwege dennoch seinen Weg zurück in unser Leben. Stattdessen lernen Sie, das Gute, das es in Ihrem Leben bereits gibt, bewusst zu genießen und immer wieder in den Fokus der Aufmerksamkeit zu rücken.

Eine insgesamt positive Lebenseinstellung tut nicht nur unserer Psyche gut, sie hat auch eine Vielzahl an förderlichen gesundheitlichen Auswirkungen. Menschen mit einem positiven Mindset

- leben mitunter länger.
- sind stressresistenter.
- haben weniger chronische Schmerzen.
- leiden seltener an Depressionen.
- haben ein niedrigeres Risiko, chronische Erkrankungen zu entwickeln.
- können besser mit Viren und Bakterien fertig werden.
- haben einen gesünderen Blutzuckerspiegel.
- fällt es leichter, ein optimales Körpergewicht einzuhalten.

Körper und Geist hängen untrennbar miteinander zusammen. So ist es nicht verwunderlich, dass Sie auch Ihrem Körper etwas

Gutes tun, wenn Sie an Ihrem Mindset arbeiten. Natürlich ist es nicht realistisch, dass chronische Krankheiten wie Krebs oder HIV durch „positive Gedanken" geheilt werden. Ein solches Versprechen wäre fahrlässig. Dennoch hilft eine optimistische Grundeinstellung dabei, insgesamt besser mit schweren Krankheiten umzugehen. Sie ermöglicht Patientinnen, die Gegenwart trotz Krankheit mehr zu genießen, positiv in die Zukunft zu schauen und sich schlichtweg besser zu fühlen.

Die Macht regelmäßiger Routinen

Vielleicht denken Sie jetzt, dass es eine gute Sache wäre, an Ihrem Mindset zu arbeiten – Sie wissen jedoch nicht so recht, wo Sie anfangen sollen? Wie sagt man doch gleich: „Es ist noch kein Meister vom Himmel gefallen!" Wenn Sie langfristig etwas verändern wollen, dann erfordert das eine gewisse Disziplin. Das bedeutet jedoch nicht, dass es nötig ist, sich jeden Tag stundenlang mit sich selbst und den eigenen Befindlichkeiten zu beschäftigen. Vielmehr geht es darum, öfter im Laufe eines Tages kleine Dinge umzusetzen. Dies gelingt mithilfe von Routinen, die Sie in Ihren Tagesablauf einbauen. Solche Routinen können zum Beispiel Morgen- oder Abendrituale darstellen. Eine richtig aufgebaute Morgenroutine hilft Ihnen dabei, direkt den Ton für den weiteren Tag zu setzen. Die Abendroutine hingegen ist eine gute Möglichkeit, um den Tag in Dankbarkeit und Positivität ausklingen zu lassen und in die Reflexion zu gehen. Übungen, die Sie jeweils für den Morgen und den Abend nutzen können, werden Sie auf den folgenden Seiten zur Genüge lernen.

Kleine Gewohnheiten sind eine effektive Strategie, um langfristig aktiv etwas zu verändern, ohne dass man sich zeitlich damit überfordert. Vermutlich haben auch Sie eine ganze Menge an Dingen auf dem Tablett, die es jeden Tag zu erledigen gibt. Nutzen Sie daher die Kraft der Wiederholung, um jeden Tag aufs Neue positive Impulse zu setzen. Kleine, tägliche Handlungen schaffen ein starkes Fundament, auf dem Sie eine positive Denkweise aufbauen können.

8 Schlüsselmerkmale eines positiven Mindsets

Ein positives Mindset befähigt Sie dazu, mit herausfordernden Situationen gut umgehen zu können und optimistisch im Strom des Lebens zu schwimmen. Was das konkret bedeutet, soll an dieser Stelle anhand von Schlüsselmerkmalen noch einmal ausführlich erklärt werden. Grundsätzlich geht es dabei um eine innere Einstellung, die eine optimistische und konstruktive Lebenshaltung fördert.

Merkmal #1: Lösungsorientierung

Menschen, die ein positives Mindset haben, versinken nicht in Ihren Problemen. Das bedeutet nicht, dass sie keine haben. Vielmehr schaffen es diese Menschen jedoch, aktiv nach Lösungen zu suchen, um ihre gegenwärtige Situation immer wieder zu verbessern. Sie sehen Hindernisse eher als Herausforderungen, denn als unüberwindbare Barrieren.

Merkmal #2: Zielorientierung

Damit ist gemeint, klare Ziele zu haben und auf diese hinzuarbeiten. Menschen mit einem positiven Mindset haben in der Regel das nötige Selbstvertrauen, um daran zu glauben, dass sie die Ziele, die sie sich stecken, auch verwirklichen können. Sie sind sich darüber bewusst, was sie erreichen wollen, und unternehmen gezielt Schritte, um diese Dinge auch umzusetzen.

Merkmal #3: Optimismus

Optimismus ist eine Denkhaltung, die davon geprägt ist, das Leben und die Zukunft insgesamt in einem positiven Licht zu sehen. Damit einher geht die Überzeugung, dass gute Dinge passieren und Herausforderungen gemeistert werden können. Darüber hinaus bedeutet Optimismus auch, dass man die Fähigkeit hat, in schwierigen Zeiten die Hoffnung nicht zu verlieren.

Merkmal #4: Akzeptanz

Das Leben ist nicht perfekt – und das ist in Ordnung so. Menschen mit einem positiven Mindset können diesen Fakt akzeptieren und sich dennoch auf die Sonnenseiten fokussieren. Sie verlieren sich nicht in dem, was schiefgeht, sondern akzeptieren auch das Chaos und die Imperfektion.

Merkmal #5: Flexibilität

Mit Flexibilität ist gemeint, dass man die Fähigkeit hat, sich an eine sich stetig verändernde Umwelt anzupassen. Damit einher geht, dass Sie sich nicht auf Ihre Vorstellung versteifen, wie etwas zu sein hat. Stattdessen passen Sie sich an Veränderungen an und sind offen dafür, diese auch als Chance für Wachstum und Entwicklung zu verstehen.

Merkmal #6: Empathie

Sie haben Mitgefühl mit sich selbst und anderen. Sie wissen, dass niemand perfekt ist und jeder mit seinen eigenen Themen zu kämpfen hat. Sie verstehen, dass es normal und in Ordnung ist, Fehler zu machen, und können diese sich selbst und anderen liebevoll nachsehen.

Merkmal #7: Dankbarkeit

Menschen mit einem positiven Mindset empfinden häufig Dankbarkeit. Sie können sich über die kleinen Dinge des Lebens freuen und wissen, dass nichts selbstverständlich ist. Sie drücken ihre Dankbarkeit anderen gegenüber aus, was ihre Beziehungen verbessert und zu einem positiven Miteinander führt.

Merkmal #8: Growth Mindset

Die Psychologin und Autorin Carol Dweck untersuchte, wie Menschen mit Niederlagen und Misserfolgen umgehen. Dabei fand sie heraus, dass manche Menschen in ihrer Haltung eher starr waren und passiv in ihrer Niederlage verharrten. Sie schrieben die Niederlage hauptsächlich dem eigenen Charakter und fehlenden Fähigkeiten zu. Dies wiederum ließ sie in ihrer Niederlage verharren, weil sie das Gefühl hatten, ohnehin nichts ändern zu können. Diese innere Haltung beschrieb Dweck als „Fixed Mindset". Menschen mit einem solchen Mindset meiden oft Herausforderungen, weil sie jeden Misserfolg als persönliches Versagen und somit als große Gefahr für ihr Selbstwertgefühl deuten. Demgegenüber beschrieb Dweck eine andere Gruppe von Menschen mit einem sogenannten „Growth Mindset". Personen mit einem Growth Mindset gehen davon aus, dass sie (fast) alles schaffen können, wenn sie nur die richtigen Ressourcen zur Verfügung haben, und Erfolg hauptsächlich eine Frage des Trainings und der Übung ist. Sie wissen, dass sie Fähigkeiten lernen können, die ihnen bisher noch fehlen, und Entwicklung und Wachstum möglich sind. Menschen mit einem Growth Mindset scheuen die Herausforderung nicht, weil sie wissen, dass sie sich nur durch Herausforderungen verändern und weiterentwickeln können.

Sie sehen – ein positives Mindset wirkt sich nicht nur auf die psychische Gesundheit oder das Wohlbefinden aus. Es sorgt dafür, dass sämtliche Herausforderungen im Leben besser bewältigt werden können. Das Mindset ist ein grundlegender Schlüssel für Erfolg, Gesundheit und Wachstum.

5 praktische Übungen zum Erkennen mentaler Muster

Der erste Schritt auf dem Weg zur Entwicklung eines positiven Mindsets ist es, aufmerksam zu reflektieren und in Erfahrung zu bringen, wie es überhaupt um Ihr Mindset bestellt ist. Viele negative Gedanken und hemmende Glaubensmuster sind uns im Alltagsleben nicht klar. Doch erst, wenn wir sie in unser Bewusstsein bringen, können wir sie auch verändern und transformieren. Woran erkennen Sie also, dass Sie limitierende Glaubenssätze in sich tragen, die dazu führen, dass Sie sich zurückhalten oder Ihr Potenzial nicht voll ausschöpfen?

#1: Erkennen Sie Warnsignale

Es gibt verschiedene Signale, die dafürsprechen, dass Sie limitierende Glaubenssätze verinnerlicht haben:

- Sie vergleichen sich häufig mit anderen und schneiden dabei schlechter ab.
- Sie haben Ziele, die Ihnen wichtig sind, die Sie jedoch einfach nicht erreichen können.
- Es fällt Ihnen schwer, anderen ihren Erfolg zu gönnen. Sie fühlen sich oft neidisch.
- Sie haben oft negative Gedanken oder Gefühle in sich. Sie fühlen sich traurig, wütend, gestresst oder überfordert.

Häufige Vergleiche sind oft ein Anzeichen dafür, dass Sie insgeheim glauben, weniger wert zu sein – oder zumindest Ihren eigenen Wert infrage stellen. Sie brauchen den Vergleich mit anderen, um eine Einordnung zu schaffen. Damit tun Sie sich jedoch keinen Gefallen, denn Menschen sind unterschiedlich. Jeder hat eigene Stärken und Schwächen, jeder eine andere Geschichte.

Wenn Sie Ziele nicht erreichen können, liegt das manchmal daran, dass es tieferliegende limitierende Glaubenssätze gibt, die Sie davon abhalten. So könnten Sie sich vielleicht wünschen, mehr Geld zu verdienen. Sie tragen jedoch den unbewussten Glaubenssatz „Geld ist schlecht" in sich. Oder, wie im Falle von Maik aus unserem Beispiel, könnte ein Glaubenssatz wie: „Ohne Studium verdiene ich es nicht, gleichberechtigt bezahlt zu werden", dahinterstecken. Diese Glaubenssätze führen dazu, dass Sie gehemmt darin sind, wirklich Schritte zu unternehmen, um Ihr Einkommen zu erhöhen – beispielsweise nach einer Gehaltserhöhung zu fragen, ein Unternehmen zu gründen, den Job zu wechseln. Sie sind innerlich zerrissen zwischen Ihren Wünschen und Ihren Glaubenssätzen.

Neid ist möglicherweise ein Anzeichen dafür, dass Sie in einem „Fixed Mindset" gefangen sind. Sie gönnen anderen dann ihren Erfolg nicht, weil sie diesen einer glücklichen Fügung oder einer schicksalhaften Ungerechtigkeit zuschreiben. Natürlich haben Menschen unterschiedliche Voraussetzungen im Leben. So ist es beispielsweise gut belegt, dass Personen, die in Armut aufgewachsen sind, es schwerer haben, eine höhere Bildung zu erlangen, als Personen, die aus Akademikerhaushalten kommen. Neid und Konkurrenzempfindungen sprechen allerdings auch häufig dafür, dass wir uns unserer eigenen Ressourcen nicht bewusst sind. Uns ist (noch) nicht klar, dass wir an unserer Situation eigenverantwortlich etwas verbessern können. Statt uns dann auf die eigenen Ressourcen und Fähigkeiten zu besinnen, verharren wir in der Unzufriedenheit und beneiden andere um ihre Erfolge.

Zuletzt sind persistierende negative Gedanken und Gefühle auch häufig ein Zeichen für limitierende Glaubenssätze. Glaubenssätze wie: „Ich muss alles alleine schaffen", oder: „Ich bin nie gut genug", führen dazu, dass wir uns häufig gestresst oder unzufrieden fühlen. Wir haben dann vielleicht Hemmungen, uns anderen anzuvertrauen oder sie um Hilfe zu bitten, schlagen uns als Einzelkämpfer durchs Leben und nehmen große Anstrengungen auf uns, um alles allein zu schaffen – auch wenn es in Gemeinschaft doch so viel einfacher und schöner wäre. Wer sich selbst als ungenügend empfindet, wird vermutlich häufig das Gefühl haben, immer wieder das Gegenteil beweisen zu müssen. Dies wiederum kann den Alltag unnötig erschweren. Solange der Glaubenssatz weiterhin vorhanden ist, kämpft man gegen Windmühlen. Egal, was man tut – solange dieser Glaubenssatz nicht aufgelöst ist, wird es nie genug sein.

#2: Kommen Sie Ihren Glaubenssätzen auf die Spur

Ein erster Schritt, um negative Glaubenssätze und mentale Muster zu identifizieren, ist es also, aufmerksam mit diesen Warnsignalen umzugehen. Werden Sie wach und beobachten Sie über den Tag hinweg immer wieder, wie Sie sich fühlen. Ganz besonders dann, wenn Sie merken, dass unangenehme Gefühle auftauchen, nehmen Sie sich einen Moment Zeit, um diese wahrzunehmen.

Im zweiten Schritt geht es nun darum, aus den Gefühlen die tieferliegenden limitierenden Glaubenssätze abzuleiten. Führen Sie dazu ein kleines Notizbuch mit sich oder machen Sie eine Notiz in Ihrem Telefon, um die wahrgenommenen Gefühle zu notieren. Schreiben Sie dafür Folgendes auf:

1. Welches Gefühl haben Sie gespürt? Benennen Sie das Gefühl so klar wie möglich: Wut, Neid, Angst, Nervosität …

2. In welcher Situation ist das Gefühl aufgetaucht? Wo waren Sie gerade, was haben Sie gemacht, mit wem haben Sie gesprochen? Es kann auch sein, dass unangenehme Gefühle aus inneren Reizen, zum Beispiel Ihren eigenen Gedanken, entstehen. Erinnern Sie sich daran, was Sie in der Situation gedacht haben, beziehungsweise wie Sie eine bestimmte Wahrnehmung bewertet haben. Oft ist es nicht die Wahrnehmung oder die Situation selbst, die in uns zu schlechten Gefühlen führt, sondern unsere Bewertung dieser Situation. Beispiel:

Xenia, 25, lebt seit einigen Wochen in einer neuen Wohngemeinschaft. Eines Morgens kommt ihre Mitbewohnerin Annika wortlos in die Küche, schenkt sich einen Kaffee ein und verlässt wieder den Raum, ohne ein Wort zu Xenia zu sagen. Diese fragt sich sofort, ob sie etwas falsch gemacht haben könnte oder ob Annika wohl wütend auf sie sei. Sie macht sich den ganzen Tag Gedanken darüber, sodass sie kaum zur Ruhe kommt und sich nur schwer entspannen kann.

An diesem Beispiel wird deutlich, dass Xenia das Verhalten von Annika direkt auf sich selbst bezieht. Nicht das Verhalten von Annika führt also zu dem Stress. Vielmehr geht es um die Gedanken und Glaubenssätze, die Xenia in sich trägt. Das könnten Sätze sein wie: „Ich mache alles falsch", „Ich bin schuld", oder: „Ich muss es allen recht machen." Hätte Xenia andere Glaubenssätze, könnte sie vermutlich viel entspannter mit der Situation umgehen. Sie könnte dann Alternativen für Annikas Verhalten in Betracht ziehen – vielleicht ist diese gerade gestresst, hat Xenia gar nicht wahrgenommen, ist in Gedanken versunken oder anderweitig mit sich selbst beschäftigt.

3. Welcher Glaubenssatz steckt dahinter? Glaubenssätze sind oft der Grund, warum wir eine Situation auf eine bestimmte Weise wahrnehmen und nicht anders. Es sind Gedanken oder Sätze, die beeinflussen, warum die Situation zu bestimmten Gefühlen und Bewertungen führt:

Situation → Glaubenssätze → Bewertungen → Gefühle

Überlegen Sie sich, welche inneren Annahmen dazu geführt haben könnten, dass in Ihnen schlechte Gefühle entstanden sind. Schreiben Sie sich diese Annahmen ganz wortwörtlich auf. Zum Beispiel:

„Ich bin nicht gut genug."

„Ich darf keine Fehler machen."

„Ich muss von allen gemocht werden."

#3: Entlarven Sie übernommene negative Annahmen

Alle Menschen sind in einem hohen Maße von dem Umfeld geprägt, in dem sie sozialisiert worden sind. Wir sind nun einmal soziale Wesen und werden stark durch das beeinflusst, was die Menschen um uns herum denken und sagen. Auch kulturelle Einflüsse sind bei der Entstehung von Glaubenssätzen nicht zu vernachlässigen. Ganz besonders Kinder sind diesbezüglich wie Schwämme, die sämtliche Schwingungen aufsaugen, die um sie herum in der Luft liegen. Daher ist es nicht verwunderlich, dass wir häufig auch Glaubenssätze in uns tragen, die wir eigentlich von anderen Menschen übernommen haben. Das können unsere Eltern sein, aber auch Lehrer oder andere Bezugspersonen. Im späteren Leben ist es dann gar nicht so einfach, auseinanderzuhalten, welche Ansichten unsere eigenen sind und welche wir von anderen übernommen haben. Umso wichtiger ist es, dies einmal genau zu überprüfen und die fremden negativen Glaubenssätze dann getrost loszulassen.

Vielleicht hatten Sie Eltern, die häufig darüber gejammert haben, dass die Arbeit so schwer und anstrengend ist? Möglicherweise kommt daher der Glaubenssatz: „Arbeit muss schwer sein." Dieser

Satz führt im Erwachsenenleben dazu, dass Sie sich unnötig anstrengen und aufreiben, obwohl dies eigentlich gar nicht nötig ist.

Um herauszufinden, ob Sie negative Ansichten anderer Menschen in sich tragen, denken Sie einmal an sämtliche Bezugspersonen aus Ihrer Kindheit. Überlegen Sie sich, welches „Erbe" Sie von diesen Personen mitgenommen haben könnten:

- Meine Eltern haben mir beigebracht …, (dass man sich im Leben immer anstrengen muss, um es zu etwas zu bringen).
- Mein Mathelehrer hat zu mir gesagt …, (dass ich in Mathematik ohnehin nie gute Noten schreiben werde).
- Mein Opa hat mich dahingehend geprägt …, (dass ich fremden Menschen nicht trauen darf, sondern immer aufpassen muss mit dem, was ich von mir preisgebe).

Diese Liste können Sie noch weiter vervollständigen. Notieren Sie dabei ganz besonders die Dinge, von denen Sie spüren, dass sie Sie noch immer beschäftigen oder belasten. Das sind die negativen Glaubenssätze, die das Leben verkomplizieren oder unnötig anstrengend werden lassen.

#4: Wo Ihre Glaubenssätze Sie zurückhalten

Manche negativen Denkmuster und Glaubenssätze wirken sich auf alle Lebensbereiche aus. Das sind hauptsächlich Sätze, die sich auf Sie selbst oder den Umgang mit anderen Menschen auswirken. Der Glaubenssatz „Ich bin nicht gut genug" kann Ihnen zum Beispiel in allen Lebensbereichen Steine in den Weg legen – egal, ob es um die Arbeit geht, um Freundschaften, Ihre Rolle in der Familie oder den Umgang mit Geld.

Es gibt jedoch auch viele Glaubenssätze, die ganz besonders in einem bestimmten Lebensbereich aktiv werden. Um diese Sätze zu identifizieren, können Sie sich einmal überlegen, ob es Lebensbereiche gibt, in denen es nie so richtig gut zu laufen scheint. Überlegen Sie sich, welche Selbstzweifel dazu führen könnten, dass Sie in diesen Lebensbereichen auf keinen grünen Zweig zu kommen scheinen.

#5: Kennen Sie die 30 häufigsten negativen Glaubenssätze

Wenn Sie bereits gemerkt haben, dass es innere Überzeugungen gibt, die Sie zurückhalten, dann verzagen Sie nicht. Sie sind in bester Gesellschaft. Tatsächlich gibt es kaum Menschen, die nicht die eine oder andere Unsicherheit in sich tragen. Dabei gibt es einige Glaubenssätze, die sogar besonders weit verbreitet sind. Lesen Sie die folgende Liste aufmerksam durch und spüren Sie bei jedem Satz kurz in sich hinein. Was fühlen Sie, wenn Sie den Satz lesen? Löst er etwas in Ihnen aus oder lässt er Sie vollkommen kalt? Spüren Sie vielleicht sogar innerlich einen Stich oder eine Traurigkeit aufsteigen? In der Regel wissen wir intuitiv, ob ein Glaubenssatz etwas mit uns zu tun hat. Streichen Sie sich die Sätze an, die Sie für sich als zutreffend identifiziert haben.

1. Ich bin nicht gut genug.
2. Ich werde nie erfolgreich sein.
3. Ich verdiene keine Liebe.
4. Ich bin es nicht wert, glücklich zu sein.
5. Geld ist schwer zu bekommen.
6. Ich bin immer allein.
7. Ich bin hässlich.
8. Ich kann nichts bewirken.
9. Ich bin zu alt / jung, um meine Ziele zu erreichen.
10. Ich habe keinen Erfolg.

11. Ich bin nicht beliebt.
12. Ich werde scheitern.
13. Jeder muss mich mögen.
14. Das Leben ist hart.
15. Ich kann anderen nie gerecht werden.
16. Meine Bedürfnisse sind unwichtig.
17. Ich kann niemandem vertrauen.
18. Ich bin nicht talentiert genug.
19. Ich habe kein Glück.
20. Ich bin zu faul.
21. Ich finde nie eine passende Partnerin / einen passenden Partner.
22. Männer / Frauen verstehe ich einfach nicht.
23. Allein kann ich nicht glücklich sein.
24. Je besser es mir geht, umso mehr habe ich auch zu verlieren.
25. Wenn es mir zu gut geht, werden andere es mir nicht gönnen und ich werde einsam sein.
26. Je älter ich werde, umso mehr wird mein Körper abbauen.
27. Für die Arbeit muss man sich stets aufreiben.
28. Wenn ich die Bedürfnisse anderer nicht erfülle, werde ich einsam sein.
29. Geld macht unglücklich.
30. Geld ist schmutzig.

Suchen Sie die Glaubenssätze aus der Liste heraus, die in Ihnen etwas auslösen. Denken Sie kurz nach: Sind die Sätze bereits perfekt formuliert und auf Sie zugeschnitten? Wenn nicht – gibt es noch kleinere Anpassungen oder Umformulierungen, die Sie vornehmen können, sodass alles passt?

Wenn Sie auf diese Weise Ihre mentalen Muster erkannt haben, dann ist bereits viel gewonnen. Sie werden möglicherweise automatisch bemerken, wie die Glaubenssätze, die Sie gefunden haben, im Alltag auf Sie einwirken. Bei einigen Sätzen wird es Ihnen leichtfallen, sie innerlich zu entkräften. Vor allem Sätze, die wir von anderen übernommen haben, können wir meist einfach loslassen. Es wird jedoch sicherlich auch Glaubenssätze geben, die sich als hartnäckiger erweisen. Wie Sie diese Sätze transformieren und ins Positive umwandeln können, werden Sie in den folgenden Kapiteln erfahren.

Selbstgespräche positiv gestalten

Nachdem Xenia am Morgen in ihrer WG von ihrer Mitbewohnerin Annika nicht begrüßt worden ist, nimmt sie sich fest vor, Annika am Abend nach der Arbeit auf den „Vorfall" anzusprechen. Als der Zeitpunkt gekommen ist, fühlt Xenia sich allerdings überhaupt nicht mehr gut. Sie spürt, wie sie einen dicken Kloß im Hals hat und immer nervöser wird. Anstatt die Konfrontation zu suchen, bleibt sie in ihrem Zimmer sitzen und ärgert sich über sich selbst: „Mann, du bekommst aber auch echt gar nichts hin! Nicht einmal mit deiner Mitbewohnerin traust du dich zu sprechen. Was ist nur los mit dir?"

Selbstgespräche sind keinesfalls etwas, was nur Menschen tun, die niemanden zum Reden haben. Tatsächlich führt jeder Mensch ständig im Inneren einen Dialog über das, was er erlebt und denkt. Nicht immer ist dieser innere Dialog konkret verbal repräsentiert. Oft handelt es sich auch um unbewusste emotionale Reaktionen. Im Falle von Xenia sehen Sie, dass ihr innerer Dialog regelrecht vernichtend ist. Anstatt sich selbst gut zuzureden oder sich zu beruhigen, ist sie sehr hart zu sich selbst. Derartige innere

Selbstgespräche kennen leider die meisten Menschen. Vor allem dann, wenn wir noch negative Glaubenssätze über uns selbst in uns tragen, spiegelt sich das oft in einem selbstverletzenden inneren Dialog wider. Wenn Sie Ihr Mindset verändern wollen, dann ist es wichtig, dass Sie lernen, gut zu sich zu sein. Dies zeigt sich besonders an der Art und Weise, wie Sie mit sich selbst reden. Die Situation zwischen Xenia und Annika könnte auch ganz anders ablaufen:

Xenia sitzt in ihrem Zimmer, als sie hört, wie ihre Mitbewohnerin Annika nach Hause kommt. Nachdem sie sich am Morgen ein paar Gedanken über deren Verhalten gemacht hat, beschließt sie nun, Annika einfach einmal darauf anzusprechen. Jedoch spürt sie, wie sie ein wenig unsicher wird. Sie fragt sich, ob Annika wütend auf sie sein könnte oder schlecht auf die Konfrontation reagieren würde. „Mach dir nichts draus, Xenia", sagt sie zu sich selbst. „Du hast bestimmt nichts falsch gemacht. Und wenn doch, dann lässt sich die Situation sicherlich klären. Nimm deinen Mut zusammen, anschließend kannst du stolz auf dich sein!"

Positive innere Selbstgespräche tun uns gut, unterstützen die Motivation und führen dazu, dass wir uns insgesamt selbstbewusster und besser fühlen. Nachdem Xenia sich selbst gut zugeredet hat, fällt es ihr deutlich leichter, sich zu überwinden und Annika auf die Situation anzusprechen.

Tatsächlich sind viele Menschen ehrlich erschüttert, wenn sie sich die eigenen Selbstgespräche einmal bewusst machen. So gemein und verständnislos, wie wir manchmal mit uns selbst reden, würden wir niemals mit anderen sprechen. Wir betiteln uns als grenzenlose Versager, Taugenichtse oder Vollidioten, gehen schonungslos mit uns ins Gericht und machen uns selbst fertig. Diese Selbstgespräche stellen die Basis unseres Selbstwertgefühls dar. Wir selbst sind der Mensch, mit dem wir die meiste Zeit verbringen – da wäre es doch wichtig, dass wir uns auch wohlgesonnen sind. Solange Sie also schlecht mit sich selbst reden, wird sich dies auch in Ihren Handlungen und Ihren Wahrnehmungen widerspiegeln. Vielleicht kennen Sie das bekannte chinesische Sprichwort: *Achte auf deine Gedanken, denn sie werden zu Worten. Achte auf deine Worte, denn sie werden zu Handlungen. Achte auf deine Handlungen, denn sie werden zu Gewohnheiten. Achte auf deine Gewohnheiten, denn sie werden dein Charakter. Achte auf deinen Charakter, denn er wird dein Schicksal.*

Dieses Sprichwort trifft im Falle von Selbstgesprächen ebenso sehr zu wie in Bezug auf Mindset und innere Glaubenssätze. Vor allem in Situationen, in denen wir gestresst oder frustriert sind, nimmt der innere Dialog oft zu. Dann schimpfen und nörgeln wir ganz ungeniert an uns herum – auf die konkreten Gedanken wird dabei leider selten geachtet.

Wie kann es gelingen, die fiesen Selbstgespräche zu transformieren und stattdessen freundlich und wohlgesonnen mit sich zu reden? Ein erster Schritt ist es, sich den eigenen Dialog bewusst zu machen, um ihn möglichst früh zu unterbrechen. Wenn Sie spüren, dass Ihre Gedanken unentwegt in Ihrem Kopf umher kreisen, auf eine Art, die für Sie selbst verletzend und schmerzhaft ist, hilft möglicherweise der „Gedankenstopp". Dabei handelt es sich um eine Übung aus der kognitiven Verhaltenstherapie. Der Gedankenstopp wird eigentlich hauptsächlich dafür eingesetzt, unproduktive oder hinderliche Gedanken zu unterbrechen sowie Grübelschleifen zu beenden. Das Prinzip ist denkbar einfach: Wenn Sie bemerken, dass Sie sich in gemeinen Selbstgesprächen verlieren, dann sagen Sie innerlich: „STOPP". Falls Sie allein sind, können Sie das auch laut in den Raum sagen. Manchen Menschen hilft es dabei, sich innerlich ein großes Stoppschild vorzustellen, das sich vor ihnen aufbaut. Anschließend zwingen Sie sich dazu, sich mit etwas anderem zu beschäftigen und die Gedanken sein zu lassen. Es benötigt manchmal etwas Übung und Selbstdisziplin, bis die Gedankenstopp-Übung ihre Wirkung entfaltet. Dann kann sie jedoch eine gute Möglichkeit sein, um sich innerlich einmal um die eigene Achse zu drehen und in eine andere Richtung weiterzugehen. Anschließend überlegen Sie sich, wie Sie stattdessen mit sich reden und negative in positive Sätze umformulieren können.

Wenn Sie lernen, gut mit sich selbst zu sprechen, werden Sie in vielerlei Hinsicht davon profitieren:

- Sie werden motivierter werden, die Dinge anzugehen, die Ihnen wichtig sind.
- Sie können sich selbst beruhigen, wenn Sie nervös oder angespannt sind.
- Sie werden sich selbst ein guter Freund / eine gute Freundin. Das wiederum macht Sie stressresistenter und resilienter.
- Wenn Sie gut mit sich selbst umgehen, wird es Ihnen auch leichterfallen, mit anderen Menschen wohlwollend zu sprechen.
- Sie werden zuversichtlicher und selbstbewusster.
- Sie haben immer jemanden, der auf Ihrer Seite steht: sich selbst.
- Sie helfen Ihnen dabei, über sich selbst hinauszuwachsen und Ihre vermeintlichen Grenzen auszudehnen.

Nur, wenn Sie auf Ihrer eigenen Seite stehen, wird es Ihnen gelingen, Ihr Potenzial voll auszuschöpfen. Andernfalls machen Sie möglicherweise immer wieder die Erfahrung, sich selbst im Weg zu stehen. Sie stehen dann in einem ständigen Kampf mit sich selbst – einem Kampf, den Sie nicht gewinnen können. Wie kann es also gelingen, negative Selbstgespräche in einen wohlwollenden und wertschätzenden inneren Dialog umzuwandeln? In diesem Kapitel finden Sie drei Schritte, die Ihnen diesbezüglich helfen werden:

Schritt 1: Finden Sie heraus, wie Sie mit sich selbst reden. Kommen Sie Ihren eigenen Selbstgesprächen auf die Spur.

Schritt 2: Sensibilisieren Sie sich dafür, wie Worte Ihre Realität formen. Werden Sie wach für die Wortwahl, die Sie nutzen – sich selbst und anderen gegenüber.

Schritt 3: Nutzen Sie positive Affirmationen, um sich selbst zu unterstützen.

3 Übungen, um Selbstgesprächen bewusst zu lauschen

Es gibt verschiedene Möglichkeiten, sich den eigenen Dialog bewusst zu machen. Manchen Menschen fällt dies leichter als anderen. Es gibt Personen, deren Dialoge innerlich verbal ständig mitlaufen, wie Sie am Beispiel von Xenia sehen konnten. Diese Menschen sprechen öfter in vollen Sätzen mit sich selbst und hätten keine Schwierigkeiten, diese Sätze auch laut zu formulieren. Bei anderen läuft der innere Dialog eher unterhalb der Bewusstseinsschwelle ab und ist möglicherweise auch nicht in Form von Worten repräsentiert. Diese Menschen müssen vermutlich ein wenig mehr Aufmerksamkeit aufwenden, um sich klar darüber zu werden, wie sie eigentlich mit sich umgehen. Je nachdem, wozu Sie neigen, werden andere Übungen für Sie hilfreich sein. Probieren Sie einfach aus, was für Sie funktioniert.

Übung #1: Meditation

Meditation ist eine Technik, die ursprünglich aus fernöstlichen Philosophiesystemen wie dem Buddhismus und der Yoga-Philosophie stammt. Meditative Methoden finden sich jedoch in vielen Kulturkreisen und Religionen wieder – so könnte man beispielsweise auch ein Gebet als eine Art von Meditation bezeichnen. So vielfältig die Ursprünge, so verschieden können auch die Techniken und unterschiedlichen Meditationsarten sein. Keinesfalls muss es zwangsläufig darum gehen, frei von Gedanken zu werden, auch wenn dies bisweilen ein Nebeneffekt einer intensiven langjährigen Praxis ist. Es gibt Meditationstechniken, bei denen man sich auf ein bestimmtes inneres Bild oder ein Gefühl (zum Beispiel Dankbarkeit oder Liebe) konzentriert. Bei der hier beschriebenen Meditation geht es jedoch darum, die eigenen Gedanken zu beobachten. Die Grundhaltung, mit der Sie Ihre Gedanken anschauen, sollte eine sein, die geprägt ist von Neugier und Achtsamkeit. Die Gedanken werden beobachtet, ohne sie zu bewerten oder anders haben zu wollen.

Setzen Sie sich für die Meditation bequem hin. Wenn Sie gelenkig in den Hüften sind, können Sie sich im Schneidersitz (dem „typischen" Meditationssitz) auf den Boden setzen. Achten Sie darauf, dass Ihr Rücken aufrecht ist. Fällt Ihnen das in dieser Sitzposition schwer, können Sie sich auch auf einen Stuhl setzen und die Hände auf den Oberschenkeln ablegen („Kutscherhaltung"). Beginnen Sie nun, Ihren Geist zu beruhigen, indem Sie ein paar Mal tief ein- und ausatmen. Konzentrieren Sie sich dabei auf jeden einzelnen Atemzug, um sich innerlich zu zentrieren. Anschließend beginnen Sie, Ihre Gedanken zu beobachten. Die Übung besteht darin, dass Sie sich sozusagen „selbst beim Denken zusehen". Versuchen Sie, sich nicht allzu sehr mit Ihren

Gedanken zu identifizieren. Nehmen Sie stattdessen die Beobachterperspektive ein. Sehen Sie sich jeden Gedanken genau an, der kommt. Beginnen Sie diese Übung mit einem kleinen Zeitfenster von beispielsweise fünf Minuten. Wenn Sie geübter sind, wird es Ihnen leichterfallen, auch längere Zeit zu meditieren.

Anschließend nehmen Sie sich noch ein wenig Zeit, um über die Gedanken zu reflektieren, die Ihnen in der Meditation begegnet sind.

- Was hat Sie beschäftigt?
- Was sagen die Gedanken über Ihre inneren Dialoge aus?
- Wie stehen Sie heute zu sich selbst?

Wenn Sie möchten, können Sie sich auch diesbezüglich einige Notizen anfertigen.

Übung #2: Stream of Consciousness

Diese Übung funktioniert ähnlich wie die Meditation. Der Unterschied ist, dass Sie dabei die Gedanken aufschreiben, die Sie haben. Dies dauert zwar ein wenig länger, macht es jedoch auch einfacher, rückblickend nachzuvollziehen, was in Ihrem Kopf vor sich gegangen ist. Alles, was Sie dafür brauchen, ist ein Zettel und ein Stift. Nehmen Sie sich 20 bis 30 Minuten Zeit und stellen Sie sich einen Timer. Viele Menschen bevorzugen es, direkt am Morgen zu schreiben, weil sie zu dieser Tageszeit ihren Gedanken am besten ihren Lauf lassen können. Probieren Sie aus, was für Sie funktioniert. Suchen Sie sich einen Ort, an dem Sie ungestört sind und für einige Minuten Ihre Ruhe haben. Nun schreiben Sie einfach auf, was Ihnen durch den Kopf geht. Lassen Sie nichts aus. Rechtschreibung ist an dieser Stelle nicht wichtig – Sie dürfen durchstreichen und herumkritzeln, so viel Sie wollen. Versuchen Sie, den Schreibfluss nicht abbrechen zu lassen und den Stift nicht abzusetzen. Das Geschriebene muss auch nicht unbedingt sinnvoll sein. Falls Ihnen nichts einfällt, dann schreiben Sie auch das. Nach Ablauf der Zeit lesen Sie sich das Geschriebene noch einmal kurz durch. Sie werden staunen, wie tief Sie in solch kurzer Zeit in Ihre eigenen Gedanken eintauchen können. Reflektieren Sie anschließend, was Ihr Geschriebenes über Sie aussagt und wie Sie Ihren eigenen inneren Dialog wahrnehmen – wohlwollend und wertschätzend? Ermutigend? Produktiv? Oder vielleicht eher hoffnungslos und ermüdet? Unzufrieden?

Übung #3: Verbalisieren Sie Ihren inneren Dialog

Es ist nicht so einfach, die inneren Dialoge ins Bewusstsein zu holen, wenn sie nur in unserem Kopf stattfinden. Dafür benötigt es ein hohes Maß innerer Aufmerksamkeit (durch zum Beispiel Meditation) oder die Fähigkeit, sie auszudrücken, indem man sie beispielsweise auf Papier niederschreibt. Eine andere Variante ist es, für einen gewissen Zeitraum alles laut auszusprechen, was Sie denken. Das können Sie a) mit sich selbst im stillen Kämmerlein praktizieren oder b) mit einer vertrauten Person üben, die Ihnen einfach nur zuhört und Ihnen den Raum hält.

Wenn Sie mit sich selbst üben, hat das den Vorteil, dass Sie sich niemand anderem offenbaren und zeigen müssen. Dies wiederum kann dazu beitragen, dass es Ihnen leichterfällt, offen und ungehemmt zu sprechen, ohne dass Sie sich Gedanken darüber machen, was jemand anderes denkt. Auf der anderen Seite erfordert es jedoch auch etwas mehr Disziplin, diese Übung wirklich durchzuführen. Das Grundprinzip ist einfach: Stellen Sie sich einen Timer, beispielsweise auf 15 Minuten, und sprechen Sie während dieser Zeit alles laut aus, was Ihnen durch den Kopf geht. Lassen Sie nichts aus und behalten Sie nichts für sich. Durch diese zweite Wahrnehmungsebene (die eigene Stimme hören) werden Sie aufmerksamer und wacher für Ihre eigenen Gedanken werden.

Wenn Sie eine vertraute Person haben, mit der Sie sich sicher fühlen, können Sie auch diese Person darum bitten, Ihnen ab und zu für eine Übung zur Verfügung zu stehen. Vielleicht möchten Sie die Übung auch beide abwechselnd praktizieren, sodass Sie sich revanchieren können. Hier gilt das gleiche Prinzip: Während einer vorher festgelegten Zeitspanne werden einfach alle Gedanken laut ausgesprochen, die einem durch den Kopf gehen. Das Üben mit einer weiteren Person hat den Vorteil, dass Sie anschließend noch einmal rekapitulieren können, was zur Sprache gekommen ist. Indem Ihnen nach der Übung gespiegelt wird, wie das Gesagte wahrgenommen wurde, erhalten Sie möglicherweise ein zusätzliches wertvolles Feedback. Während der Übung selbst ist es jedoch wichtig, dass die Person, die gerade nicht an der Reihe ist, sich auch in Bezug auf Mimik und Gestik eher zurückhält. Sie nimmt die Rolle einer stillen Zeugin ein, die alles registriert, jedoch nicht selbst in das Gesagte involviert ist.

Diese drei Übungen können Ihnen dabei helfen, Ihre inneren Dialoge besser zu verstehen. Dies wiederum ist der erste Schritt zu einer möglichen Veränderung Ihrer inneren Welt. In einem zweiten Schritt geht es nun darum, die konkrete Wortwahl, die Sie nutzen, genau unter die Lupe zu nehmen.

5 Formulierungen, die Ihre Realität formen

Wörter und Sätze, die wir tagtäglich nutzen, sind oft mächtiger, als uns das bewusst ist. Zum einen sind unsere Worte Ausdruck unserer inneren Welt, unserer Überzeugungen und Glaubenssätze. Zum anderen beeinflussen wir durch Sprache, wie wir die Welt und uns selbst wahrnehmen.

Es macht zum Beispiel einen großen Unterschied, ob Xenia zu sich selbst sagt: „Nie traue ich mich, für mich einzustehen", oder ob sie sagt: „Ich darf mutiger werden, gegenüber meiner Mitbewohnerin meine Bedürfnisse zu äußern".

Im ersten Fall verurteilt Xenia sich für das, was ihr nicht gelungen ist. Anstatt bei der Situation zu bleiben, die sie gerade erlebt hat, verallgemeinert sie sie darüber hinaus auf sämtliche andere Lebensbereiche, indem sie das Wort „nie" benutzt. Diese Wortwahl ist nicht produktiv. Sie hinterlässt Mutlosigkeit und wird Xenia künftig noch mehr hemmen. Im zweiten Beispiel („Ich darf mutiger werden") liegt der Fokus hingegen auf persönlichem Wachstum und Weiterentwicklung.

Limitierende Glaubenssätze drücken sich oft auch in einer limitierenden Sprache aus. Diese wiederum bestärkt uns in unseren Glaubenssätzen. Wählen wir hingegen Worte, die uns motivieren, die uns guttun und mithilfe derer wir uns auf unser Wachstum fokussieren, stärken wir unsere Autonomie und unsere Veränderungskraft. Worte haben Macht und werden nicht selten zu selbsterfüllenden Prophezeiungen. Unsere Worte können uns selbst und unser Aufblühen fördern und stärken, sie können uns jedoch auch deprimieren und hemmen. Die Wortwahl, die wir nutzen, schafft unsere Realität. Dabei gibt es ein paar Formulierungen, die die meisten von uns regelmäßig nutzen, ohne sie zu hinterfragen – die jedoch entscheidende Auswirkungen auf unser tägliches Leben und Erleben haben können:

„Ich kann das nicht."

Dieser Satz suggeriert eine Endgültigkeit. Es gibt eine bestimmte Fähigkeit, die Ihnen fehlt und die Sie auch niemals erlernen können. Denken Sie an den Unterschied zwischen „Growth Mindset" und „Fixed Mindset". Der Satz: „Ich kann das nicht", passt eher in die zweite Sparte. Wie wäre es stattdessen mit Formulierungen wie: „Ich kann das *noch* nicht", oder: „Ich darf das noch lernen"?

Die Wörter „immer", „nie", „ausschließlich"

Viele Menschen nutzen die Wörter „immer" oder „nie", wenn sie sich eigentlich auf eine ganz konkrete Situation beziehen. Anstatt sich darauf zu fokussieren, was an dieser einen Situation nicht gut gelungen ist, verfallen sie in eine sogenannte „Übergeneralisierung". Sie nehmen die eine Situation als Maßstab für alle Situationen. Das, was einmal so gewesen ist, wird auch in der Zukunft immer wieder so sein. Allerdings handelt es sich dabei um einen Trugschluss: Dinge verändern sich, Menschen entwickeln sich weiter. Was heute war, kann morgen ganz anders sein. Sie tun sich also einen großen Gefallen damit, wenn Sie aufmerksam mit den oben genannten Wörtern umgehen und sie nur dann nutzen, wenn sie es wirklich so meinen.

„Ich bin zu … (laut, still, klein, groß, ängstlich, lebendig …)"

Wir Menschen sind alle unterschiedlich und das ist wunderbar. Wie langweilig wäre das Miteinander, wenn wir alle gleich wären und gleich denken würden! Es gibt tatsächlich Eigenschaften, die in bestimmten Kontexten hilfreicher und angepasster sind als in anderen. Jemand, der zum Beispiel sehr introvertiert ist und zu Schüchternheit neigt, wird es schwer haben, wenn er es sich in den Kopf setzt, Verkäufer im Außendienst zu werden. In anderen Lebensbereichen und Umfeldern kann die zurückhaltende Art jedoch möglicherweise ganz anders und deutlich positiver aufgefasst werden, weil derjenige vielleicht besonders gut zuhören kann und Menschen ihm gerne Dinge erzählen. Er ist also nicht „zu still" – keine Eigenschaft ist grundsätzlich gut oder schlecht.

Vielmehr ist es so, dass das Umfeld, in dem er sich befindet, nicht zu seinen inneren Eigenschaften passt. Wenn Sie jedoch auf diese Weise über sich reden, geben Sie sich das Gefühl, nicht okay zu sein. Wie wäre es also stattdessen mit Sätzen wie: „Dieses Umfeld passt nicht zu mir", oder: „Ich fühle mich woanders wohler"?

Verneinungen

Oft wissen wir genau, was wir nicht wollen – weniger jedoch, was wir stattdessen eigentlich wollen. Das ist grundsätzlich nicht dramatisch. Das Problem mit Verneinungen ist jedoch, dass das Unterbewusstsein sie weniger schnell verarbeitet als positiv formulierte Sätze. Wenn Sie also zu sich selbst sagen: „Ich möchte *nicht* mehr so ängstlich sein", dann verarbeitet Ihr Unterbewusstsein hauptsächlich die Wörter „ich" und „ängstlich". Produktiver wären daher Sätze wie: „Ich möchte mutig sein." Fokussieren Sie sich in Ihrer Sprache klar auf das, was Ihnen wichtig ist und was Sie sich wünschen, um innerlich eine stabile Basis dafür zu setzen.

„Ich bin so oder so."

Wir sind oft schnell dabei, uns und auch anderen bestimmte Eigenschaften zuzuschreiben.

- Ich bin ängstlich.
- Ich bin extravertiert.
- Ich bin besonnen.
- Ich bin unvorsichtig.
- …

Dabei vergessen wir jedoch, dass wir meist noch so viel mehr Eigenschaften in uns tragen. Es hängt tatsächlich zu einem großen

Teil von unserem sozialen Umfeld und äußeren Gegebenheiten ab, wie wir uns verhalten. Sich selbst endgültig bestimmte Eigenschaften zuzuschreiben, führt dazu, dass Sie sich stark einschränken und festlegen. In manchen Situationen verhalten Sie sich vielleicht besonnen, in anderen eher unüberlegt. Manchmal sind Sie laut und manchmal eher still. Engen Sie Ihre eigene Vielfalt nicht zu sehr durch Ihre Worte ein. Bleiben Sie doch stattdessen lieber offen und neugierig darauf, sich selbst und Ihre eigene Vielschichtigkeit immer wieder neu zu entdecken.

20 Affirmationen zur Selbstmotivation

Nachdem Sie sensibler dafür geworden sind, wie Sie mit sich selbst sprechen und umgehen, geht es nun darum, Ihre Selbstgespräche bewusst zum Positiven zu wandeln. Eine einfache und effektive Möglichkeit, dies zu tun, sind positive Affirmationen.

Affirmationen sind Aussagen über sich selbst, die Sie sich bewusst laut – oder innerlich – sagen können, um dadurch eine liebevolle Grundhaltung zu etablieren.

Sie sind ein wirksames Tool, um selbstbewusster zu werden und das Selbstwertgefühl zu steigern. Wenn Sie festgestellt haben, dass Sie manchmal wenig liebevoll mit sich selbst umgehen, dann setzen Sie durch Affirmationen künftig ein Gegengewicht dazu. Je öfter Sie diese Affirmationen wiederholen, umso stärker werden sie sich in Ihrem Unterbewusstsein verankern.

Es scheint allerdings so zu sein, dass Affirmationen manchen Menschen besser helfen als anderen. Man geht davon aus, dass das daran liegt, dass sich die Affirmationen, die man sich selbst sagt, auch authentisch anfühlen müssen. Es ist möglich, sich durch solche positiven Sätze selbst bewusst in eine bestimmte Richtung zu beeinflussen. Dennoch sollten Ihnen die Sätze nicht sehr fremd oder gar absurd vorkommen. Ein Beispiel: Jemand, der ein sehr geringes Selbstwertgefühl hat, nutzt die Affirmation: „Ich bin voller Selbstliebe." Da das Gefühl der Selbstliebe zum jetzigen Zeitpunkt jedoch in weiter Ferne liegt – mehr noch, derjenige vielleicht noch nie in seinem Leben eine tiefe Selbstliebe gefühlt hat –, wird die Affirmation vermutlich nicht wirken. Möglicherweise geht sie sogar nach hinten los und die Person fühlt sich noch schlechter als vorher. Doch es gibt eine Lösung für dieses Problem: Statt „Selbstliebe" könnte man beispielsweise eine andere Formulierung wählen, die näher an der aktuellen Lebensrealität liegt. Möglich wäre ein Satz wie: „Ich mag mich selbst." Sich selbst zu mögen – das kennen die meisten Menschen, auch jene, um deren Selbstwertgefühl es aktuell nicht gut bestellt ist. Eine weitere abgeschwächte Alternative wäre der Satz: „Es ist schön, dass es mich gibt." Achten Sie also bei der Formulierung Ihrer Affirmationen stets darauf, dass es sich um Sätze handelt, denen Sie selbst auch Glauben schenken können.

Wenn Sie sich bereits mit Ihren eigenen negativen Glaubenssätzen beschäftigt und den einen oder anderen Satz formuliert haben, können Sie auch Affirmationen nutzen, die diese Glaubenssätze ins Positive umkehren. Ist beispielsweise einer Ihrer inneren Glaubenssätze: „Ich muss es allen recht machen", könnten Sie als Affirmation einen Satz nutzen wie: „Ich werde gemocht, wenn ich mich zeige, wie ich bin".

Im Folgenden finden Sie 20 weitere kraftvolle Affirmationen für jeden Tag:

1. Ich bin voller Mut und Selbstvertrauen.
2. Ich bin in meiner Kraft.
3. Ich bin wertvoll.

4. Ich kümmere mich liebevoll um meinen Körper.
5. Ich meistere die Herausforderungen, die es in meinem Leben gibt.
6. Ich nehme mir Zeit für die Dinge, die mir wichtig sind.
7. Ich bin gut, so wie ich bin.
8. Ich bin der Schöpfer meines eigenen Lebens.
9. Ich bin in der Lage, meine Ziele zu erreichen.
10. Ich vertraue auf meine Intuition und meine Fähigkeiten.
11. Ich darf Fehler machen und aus ihnen lernen.
12. Ich bin dankbar für die wertvollen kleinen Freuden des Alltags.
13. Ich bin in der Lage, Hindernisse zu überwinden und gestärkt daraus hervorzugehen.
14. Ich darf mich in meinem eigenen Tempo entwickeln.
15. Ich bin voller Zuversicht.
16. Ich bin offen für liebevolle Beziehungen.
17. Ich kümmere mich gut um mich selbst.
18. Ich entspanne mich und vertraue auf das Leben.
19. Ich habe bereits alles, um glücklich zu sein.
20. Ich fühle mich wohl in meinem Körper und strahle von innen heraus.

Wenn Sie ein wenig nachdenken, werden Ihnen sicherlich noch viele weitere Affirmationen einfallen. Sie können Affirmationen in beinahe jedem Lebensbereich einsetzen: in Freundschaften, auf der Arbeit, in der Familie, in der Freizeit, in Bezug auf Finanzen oder Ihre eigenen Fähigkeiten und Stärken.

Finden Sie für den Anfang eine oder zwei positive Affirmationen, die besonders viel in Ihnen auslösen. Das können Affirmationen sein, die sich beispielsweise auf einen Lebensbereich beziehen, an dem Sie aktuell arbeiten möchten. Ebenso sind allgemeinere Affirmationen geeignet oder solche, bei denen Sie spüren, dass sich viel in Ihnen bewegt. Nun achten Sie darauf, dass Sie sich diese Affirmationen so häufig wie möglich ins Gedächtnis rufen. Das klappt, indem Sie sie beispielsweise aufschreiben und irgendwo platzieren, wo Sie sie häufiger sehen. Manche Menschen machen sich auch eine Notiz im Telefon, die mehrmals am Tag aufblinkt und sie daran erinnert. Vielleicht können Sie sich auch angewöhnen, sich die Affirmation immer dann zu sagen, wenn Sie gerade mit einer anderen Gewohnheit beschäftigt sind, zum Beispiel dem Zähneputzen oder vor dem Essen.

Bei der Formulierung Ihrer eigenen Affirmationen sollten Sie Folgendes beachten: Die Affirmation darf sich etwas ungewohnt anfühlen, sollte jedoch grundsätzlich stimmig sein. Affirmationen, bei denen Sie einen starken Widerstand spüren oder die fernab Ihrer aktuellen Lebensrealität sind, werden Ihnen keine guten Dienste leisten. Zudem ist es wichtig, die Affirmationen positiv zu formulieren. Also beispielsweise: „Ich bin mutig", statt: „Ich habe keine Angst". Ideal ist es, wenn Ihnen die Affirmation ein kleines bisschen zu „groß" erscheint, Sie aber spüren, dass Sie sich in diese Richtung entwickeln und den beschriebenen Zustand irgendwann auch erreichen können.

Wenn Sie Ihre Affirmation ausgewählt haben, heißt es vor allem: Üben, üben, üben. Üben Sie abends, bevor Sie ins Bett gehen, oder wenn Sie morgens aufwachen. Sagen Sie sich Ihre Affirmationen, während Sie an der Bushaltestelle warten, sich die Zähne putzen oder sich gerade einen Kaffee kochen. Je öfter Sie sie wiederholen, umso besser.

Ein kurzer Hinweis zum Schluss: Positive Affirmationen sollten nicht genutzt werden, um unangenehme Tatsachen zu verleugnen. Jeder Mensch hat Schwächen, Defizite und Seiten an sich, die er weniger mag. Das gehört zum Menschsein dazu und ist auch in Ordnung so. Wenn wir also unzufrieden mit uns sind, dann ist das manchmal auch ein Hinweis darauf, dass es einen bestimmten Lebensbereich gibt, in dem wir uns noch weiterentwickeln dürfen. Ist das der Fall, tun wir uns keinen Gefallen damit, wenn wir diese Schwäche schlichtweg leugnen und uns selbst immer wieder sagen, sie wäre nicht da. Wählen Sie die Affirmationen, die Sie nutzen, also immer bewusst. Überprüfen Sie vorher, ob es sich um negative Glaubenssätze handelt, die Sie verändern wollen, oder tatsächlich um eigene Defizite, denen Sie sich in Zukunft öfter zuwenden dürfen.

Blockaden verstehen und überwinden

Wenn Sie sich auf den Weg begeben haben, ein positives Mindset aufzubauen, dann werden Sie schnell feststellen, dass dieser Weg nicht immer nur leicht ist. Stattdessen ist er häufig mit einer Reihe von Hindernissen gespickt, die es zu überwinden gilt – wie bei allen inneren Entwicklungsprozessen. Dass alles reibungslos verläuft, ist die Ausnahme und keinesfalls die Regel. In diesem Kapitel wollen wir uns mit den häufigsten Widerständen, Schwierigkeiten und Blockaden – inneren sowie äußeren – beschäftigen. Anschließend sollten Sie auf sämtliche Widrigkeiten vorbereitet sein und eine Vorstellung davon haben, wie Sie diesen entgegentreten können.

5 Arten von Blockaden

Negative Glaubenssätze: Wir haben uns bereits mit einigen Glaubenssätzen beschäftigt, die Sie in Ihrem Leben und Wirken hemmen können, und auch einige Möglichkeiten erwähnt, die Ihnen dabei helfen, diese Sätze zu transformieren. Es gibt jedoch Sätze, die ganz hartnäckig und stark verwurzelt sind und die besonders zu Ängsten, Selbstzweifeln und Unsicherheiten führen.

Äußere Einflüsse: Tatsächlich ist es nicht immer so, dass alle Menschen in unserem Umfeld gut damit umgehen können, wenn wir uns verändern und weiterentwickeln. Das Gegenteil ist oft der Fall: Viele Personen werden, wenn sie sehen, wie jemand sich mutig auf den Weg macht, mit ihren eigenen Ängsten und Hemmungen konfrontiert. Sie müssen sich dann entscheiden, ob sie sich inspirieren lassen oder ob sie das bekämpfen, was sie sich selbst insgeheim nicht zutrauen. Leider wählen viele Menschen den zweiten, vermeintlich einfacheren Weg. Das ist nicht immer leicht zu ertragen – vor allem, wenn man sich selbst gerade in einer sensiblen Phase befindet. Darüber hinaus gibt es auch Menschen, die davon profitieren, dass wir gewissermaßen „klein bleiben". Auf diese Weise können sie uns kontrollieren, uns ihre Ansichten aufdrängen oder uns dazu bringen, für sie eine bestimmte Funktion zu erfüllen. Indem wir uns nun weiterentwickeln und wachsen, geraten diese Menschen in Schwierigkeiten und werden versuchen, unser Wachstum zu sabotieren. Lernen Sie, solche Beziehungen zu erkennen und im schlimmsten Fall auszusortieren.

Negative Erfahrungen: Wenn Sie in der Vergangenheit bereits viele Rückschläge oder schmerzhafte Erfahrungen gemacht haben, kann es gut sein, dass diese Erfahrungen Sie in der Gegenwart hemmen und zurückhalten. Vielleicht sind Sie auch insgeheim mutlos oder resigniert und glauben, dass Sie ohnehin nichts bewirken können. In diesem Fall gilt es, wieder Vertrauen in Ihre Fähigkeiten und die Möglichkeit eines positiven Ausgangs zu entwickeln.

Komfortzone: Sich zu verändern und weiterzuentwickeln erfordert in vielerlei Hinsicht, dass wir unsere Komfortzone verlassen. Das kann jedoch zu Widerständen, Angst und Unsicherheiten führen. Besonders, wenn Sie auch andere Baustellen in Ihrem Leben haben, die Sie destabilisieren, kann es schwer sein, die Komfortzone loszulassen. Damit wir uns unbekannten oder auch beängstigenden Situationen stellen können, ist es wichtig, dass wir im Leben grundsätzlich eine gewisse Art der Sicherheit haben. Nur so können wir uns mutig aus unserer Komfortzone hervorwagen.

Fehlende Unterstützung: Die Menschen, die sich in unserem sozialen Umfeld befinden, beeinflussen zu einem großen Teil, wie es uns geht und wie wir denken. Wenn Sie also hauptsächlich negative, griesgrämige und zynische Menschen in Ihrem Leben haben, dann kann es schwer sein, ein positives und optimistisches Mindset zu entwickeln.

Für ein positives Mindset reicht es manchmal nicht aus, ab und zu eine Übung zu machen. Stattdessen kommt es auch darauf an, durch bestimmte Maßnahmen gewissermaßen den Boden zu bereiten, damit Wachstum und Entwicklung erst möglich werden. Wie das gelingen kann, erfahren Sie in diesem Kapitel.

1. Negative Glaubenssätze überwinden

In den vorangegangenen Kapiteln haben wir bereits ein paar Techniken erwähnt, die Ihnen dabei helfen können, negative Glaubenssätze aufzulösen. Dennoch gibt es auch Glaubenssätze, die sich hartnäckig halten und immer wieder ins Denken einschleichen. Meist ist das der Fall, wenn es sich um Sätze handelt, die in Phasen von großem Stress oder in traumatischen Situationen entstanden sind. Zudem dürfen wir uns auch bewusst machen, dass es nicht über Nacht gelingen wird, Glaubenssätze aufzulösen. Vor allem Sätze, die Sie bereits seit vielen Jahren und Jahrzehnten mit sich tragen, werden sich nicht innerhalb einer Woche verflüchtigen. Es gehört zu dieser inneren Arbeit dazu, manchmal auch geduldig mit sich zu sein und sich Zeit zu geben.

Wenn Sie also Ihre negativen Glaubenssätze überwinden wollen, dann rufen Sie sich zunächst vor Augen, was Sie schon alles geschafft haben. Zumindest haben Sie angefangen, sich mit Ihren eigenen Gedanken auseinanderzusetzen, und bereits den einen oder anderen negativen Glaubenssatz erkannt. Darauf können Sie stolz sein! Ebenso kann es hilfreich sein, Nachforschungen darüber anzustellen, wo Ihre Glaubenssätze ihren Ursprung haben könnten. Wenn Sie sich den Satz vor Augen rufen: Fällt Ihnen direkt eine bestimmte Person ein, die Sie mit diesem Satz verbinden? Eltern, Großeltern, Klassenkameraden, Lehrer? Überlegen Sie sich, was der Satz mit diesen Personen zu tun hat und warum sie ihn Ihnen gegenüber geäußert haben könnten. In den meisten Fällen werden Sie dabei feststellen, dass die Sätze absolut nichts mit Ihnen zu tun haben, und vielmehr etwas über die Person aussagen, die Urheber dieser Glaubenssätze ist. Vielleicht erinnern Sie sich an das Beispiel der Eltern, die häufig darüber jammerten, dass die Arbeit so schwer ist? Dabei handelt es sich um eine Aussage der Eltern – sie beschreibt die Beziehung, die die Eltern selbst zu ihrer eigenen Arbeit hatten. Kinder jedoch beziehen vieles auf sich und nehmen solche Aussagen häufig für sich an. Das Gleiche gilt für den Mathelehrer, der allen Mädchen sagt, sie würden Mathematik ohnehin nicht verstehen. Diese Aussage ist an kein Mädchen direkt gerichtet. Es handelt sich vielmehr um eine Aussage, die die Weltsicht und das Frauenbild des Mathelehrers widerspiegelt. Warum sollte man also einen solchen Satz zu sich nehmen und auf sich selbst beziehen? Oft hilft es bereits in der Verarbeitung, wenn Sie sich damit auseinandersetzen, wer bestimmte Sätze zu Ihnen gesagt hat und warum. An dieser Stelle können Sie nun einmal die Glaubenssätze, die Sie identifiziert haben, aufschreiben und ins Gegenteil verkehren:

„Arbeit ist anstrengend." → „Arbeit kann Spaß machen."

„Ich kann keine Mathematik." → „Mathematik kann gelernt werden."

Diese Sätze sagen Sie sich selbst als positive Affirmationen.

Nun geht es darum, die neuen, positiven Glaubenssätze auch wirklich in sich selbst zu verankern. Wenn Sie die Sätze nur mit Ihrem rationalen Geist begreifen, werden Sie in der Tiefe nicht wirken können. Damit Sie auf lange Sicht etwas verändern, ist es wichtig, den Unterschied wirklich zu spüren. Wie kann das gelingen? Indem Sie …

> a. die Erfahrung machen, dass auch Ihr neuer Glaubenssatz wahr sein kann.
> b. dies auch bewusst wahrnehmen.

Das heißt: Gehen Sie mit offenem Blick durch die Welt und behalten Sie Ihren Glaubenssatz dabei im Sinn. Wenn Sie sich zum Beispiel mit dem Satz „Arbeit kann Spaß machen" beschäftigen, dann suchen Sie bewusst immer wieder nach Beweisen dafür, dass dieser Satz wahr ist. Sie hatten ein nettes Gespräch, einen lustigen Plausch mit Ihren Kollegen? Sie waren richtig im Flow und die Arbeit ging für ein paar Stunden leicht von der Hand? Sie haben festgestellt, dass es Aspekte Ihrer Arbeit gibt, die Sie richtig interessieren und begeistern? Nehmen Sie all das aufmerksam wahr. So werden Sie Stück für Stück feststellen, dass auch Ihr neuer Glaubenssatz eine Berechtigung hat. Auf diese Weise kann er sich mit der Zeit tief im Unterbewusstsein verankern.

Zuletzt heißt es natürlich, achtsam zu sein mit den alten Glaubenssätzen, die sicherlich immer wieder Ihren Weg in Ihr Bewusstsein finden. Passen Sie auf, was Sie denken. Identifizieren Sie Ihre alten Glaubenssätze, wenn Sie Ihnen begegnen. Schauen Sie sie sich an und machen Sie sich bewusst, dass diese Sätze nicht (mehr) Ihre

Realität abbilden. Erinnern Sie sich daran, dass diese Sätze nichts mit Ihnen zu tun haben. Sie werden sehen – mit der Zeit werden sie immer mehr ihre Macht über Sie verlieren.

2. Sich mit positiven Menschen umgeben

Wir Menschen nehmen andauernd die emotionalen Schwingungen aus unserer Umgebung auf, ob wir es wollen oder nicht. Das lässt sich kaum verhindern. Doch nicht nur unsere Stimmung wird von den Menschen beeinflusst, die uns umgeben. Wir lassen uns häufig auch inspirieren, was die Lebenseinstellung und die Denkweise von anderen angeht.

Es gibt Menschen, die versprühen einfach eine liebevolle und angenehme Atmosphäre. Sie denken an andere, setzen sich für diese ein und wenn wir Zeit mit ihnen verbringen, wird uns warm ums Herz. Ebenso gibt es aber auch Menschen, die häufig schlecht gelaunt sind, die an niemandem etwas Gutes sehen können und andere kleinmachen, um sich selbst besser zu fühlen. Es ist offensichtlich, welche dieser Menschen besser für Ihr Mindset sind.

Damit meine ich nicht, dass Sie jeden sofort aus Ihrem Leben verbannen sollen, der einmal einen schlechten Tag hat. Auch in schlechten Phasen sollte man für einen Freund da sein. Doch überlegen Sie sich, wie Sie sich über einen längeren Zeitraum hinweg fühlen, nachdem Sie eine bestimmte Person getroffen haben: Energiegeladen, inspiriert, verstanden, warm? Oder ausgelaugt, missmutig, erschöpft, müde? Ist letzteres der Fall, dann dürfen Sie genau darüber nachdenken, inwiefern diese Person Ihr Leben wirklich bereichert.

Wenn wir positive Menschen in unserem Leben haben, dann können wir davon in vielerlei Hinsicht profitieren. Diese Menschen geben uns das Gefühl, lebendig zu sein. Mit ihnen lassen sich authentische und tiefe Freundschaften aufbauen, die echt sind und in denen wir uns nicht verstellen müssen. Sie regen uns dazu an, die beste Version unserer selbst zu werden. Doch wie gelingt es, solche Menschen in unser Leben zu ziehen?

Hauptsächlich, indem wir uns bewusst werden, ob wir überhaupt selbst eine positive Person sind. Wie gesagt: Das bedeutet nicht, immer nur gute Laune zu haben und vor Energie zu strotzen. Vielmehr geht es um die Grundeinstellung, die von konstruktivem Problemlöseverhalten, Ehrlichkeit und menschlicher Wärme geprägt sein sollte. Stellen Sie also zuerst sicher, dass nicht *Sie* es sind, die in einem negativen Mindset gefangen sind. Ist das der Fall, werden sie immer wieder mit Menschen zusammenkommen, denen es ähnlich geht. Falls Sie dies an sich beobachten, nehmen Sie sich zunächst die Zeit, um an sich selbst zu arbeiten, Glaubenssätze aufzulösen und Ihre eigenen Themen anzugehen. Machen Sie um Beziehungen einen Bogen, die von gegenseitiger Abhängigkeit geprägt sind. Gesunde Beziehungen zeichnen sich dadurch aus, dass jeder der Beziehungspartner für sich im Leben steht und Verantwortung für sich selbst übernimmt. Die anderen sind das i-Tüpfelchen, die unser Leben noch schöner machen – nicht die Basis, die unser Leben tragen muss. Wenn Sie häufig negative Menschen in Ihr Leben ziehen, dann kann es außerdem sein, dass Sie ein Problem damit haben, Grenzen zu setzen. Vielleicht erlauben Sie dann immer wieder Personen „Zugriff" auf ihren innersten Raum, die eben davon profitieren, dass Sie sich nicht richtig abgrenzen. Positive Personen werden Sie nicht damit verschrecken, dass Sie ihnen klar signalisieren, was Sie wollen und was nicht. Ihnen wird daran gelegen sein, Sie zu verstehen und in Ihren Wünschen und Ansichten zu respektieren. Werden Sie hellhörig, wenn Sie eine Grenze kommunizieren und feststellen, dass diese von Ihrem Gegenüber dennoch übergangen oder nicht ernst genommen wird. Und zuletzt: Reflektieren Sie, wie Sie sich fühlen, nachdem Sie bestimmte Menschen getroffen haben. Achten Sie nicht nur auf Ihre Gedanken, sondern auch auf Ihre Gefühle und Ihren Körper. Wie geht es Ihnen? Wie geht es Ihnen *wirklich*? Ihre Zeit ist so kostbar. Überlegen Sie sich, ob Sie sie wirklich mit Menschen verbringen wollen, die dazu beitragen, dass es Ihnen eher schlechter als besser geht.

3. Schmerzhafte Erfahrungen überwinden

Fast alle Menschen sind sich darin einig, dass es schöner ist, positive und angenehme Erfahrungen zu machen statt negative und schmerzhafte. Wohl niemand möchte freiwillig leiden. Allerdings hat unser Umgang mit diesen Erfahrungen viel Einfluss darauf, wie wir sie rückblickend erleben. Wir können durch schmerzhafte Erfahrungen negativ geprägt werden und künftig ständig in der Angst leben, dass sie sich wiederholen. Dann sind wir in unserer Lebendigkeit und Schaffenskraft gehemmt und können unser Potenzial nicht ausleben. Es kann jedoch ebenso gelingen, diese Erfahrungen so zu integrieren, dass wir aus ihnen lernen und gestärkt daraus hervorgehen. Langfristig können negative Erfahrungen dazu führen, dass wir in der Lage sind, das, was wir im Leben haben, wirklich zu schätzen und somit insgesamt zufriedener und glücklicher werden. Ein wichtiger Faktor, der beeinflusst, ob dies gelingt, ist, ob wir es schaffen, in unseren leidvollen Erfahrungen einen größeren Sinn zu sehen. Wie kann man diesen Sinn aber finden?

In einem ersten Schritt dürfen Sie sich dafür fragen, inwieweit Ihre Erfahrung Sie beeinflusst hat. Hat die Erfahrung dazu beigetragen, dass Sie heute sind, wer Sie sind? Konnten Sie vielleicht sogar etwas daraus lernen? Rufen Sie sich alle Auswirkungen des Ereignisses – positive sowie negative – in ihrer Gesamtheit vor Augen. Das wird Ihnen helfen, die Erfahrung zu integrieren und mit dem heutigen IST-Zustand in Verbindung zu bringen. Schreiben Sie Ihre Geschichte auf und zeichnen Sie dabei die größeren Zusammenhänge. Manchmal werden Sie dabei feststellen, dass Ihre Erfahrungen Sie auch in positiver Hinsicht sehr geprägt und beeinflusst haben. Oftmals ist es auch so, dass aus den Herausforderungen in unserem Leben langfristig etwas Gutes entsteht:

- Sie haben gelernt, eine Krise zu überwinden und helfen anschließend anderen dabei, ähnliche Herausforderungen zu meistern.
- Sie haben eine harte Zeit durchgemacht, jedoch während dieser Zeit gelernt, auf welche Menschen Sie sich wirklich verlassen können – diese Freundschaften waren anschließend tiefer und echter als je zuvor.
- Sie haben neue wertvolle Fähigkeiten gelernt, von denen Sie noch heute profitieren.

Eine weitere Übung, um schwierige Herausforderungen einzuordnen, ist es, sich einmal zu fragen: „Was wäre, wenn?" Was wäre, wenn Sie die Krise nie gehabt hätten? Wenn Sie diese toxische Person niemals in Ihr Leben gelassen hätten? Wenn Sie niemals durch diese schwierige Scheidung gegangen wären? Auch diese Frage hilft uns oft, das Geschehene in einen größeren Kontext einzuordnen. Manchmal entstehen bei dieser Frage sogar Gefühle der Ehrfurcht oder Dankbarkeit – Ehrfurcht gegenüber Ihrer eigenen Stärke oder Dankbarkeit gegenüber den Menschen, die für Sie dagewesen sind und Sie unterstützt haben.

Viele von uns sind es gewohnt, Dinge mit sich selbst auszumachen und alles allein zu schaffen. Vor allem, wenn es Ihnen schlecht geht, werden Sie möglicherweise den Impuls haben, sich vor der Welt zu verstecken, anstatt sie mit offenen Armen zu empfangen. Doch ist es nicht umso schöner, die Erfahrung zu machen, in einem sozialen Umfeld zu leben, von dem Sie getragen und gehalten werden, wenn Sie sich einmal schwach fühlen? Und mehr noch – viele Menschen helfen von sich aus gerne. Vermutlich wissen Sie selbst, wie gut es tun kann, Freunden zu helfen, die gerade in einer Krise stecken. Achten Sie also darauf, in schwierigen Situationen den Kontakt zu Freunden und Familienmitgliedern nicht zu verlieren. Lassen Sie sich helfen, wenn andere es anbieten, und lernen Sie, selbst um Hilfe zu bitten, wenn Sie einmal im Leben feststecken. Das wird dazu führen, dass Ihre sozialen Beziehungen durch Krisen eher gestärkt werden, als dass Sie darunter leiden.

Und zuletzt: Lernen Sie aus Ihren Fehlern. Es ist menschlich und unvermeidbar, im Leben manchmal schlechte Entscheidungen zu treffen. Wenn Sie sich weiterentwickeln wollen, dann sollten Sie jedoch darauf verzichten, dieselben Fehler immer wieder zu machen. Manchmal, wenn wir in eine Krise geraten, fragen wir uns, an welcher Stelle wir „falsch abgebogen" sind. Möglicherweise werden dann sämtliche in der Vergangenheit getroffenen Entscheidungen infrage gestellt. Versuchen Sie, mit sich selbst nicht zu streng zu sein. Sie haben sicherlich in der jeweiligen Situation die beste Entscheidung getroffen, zu der Sie auf Basis der Umstände und Ihres eigenen Wissensstandes in der Lage waren. Anstatt sich selbst fertigzumachen, überlegen Sie lieber, was Sie aus der Entscheidung gelernt haben könnten und welche Fehlentscheidungen Sie künftig anders treffen würden. Sie haben einen Autounfall gehabt, weil Sie zu einer Zeit gefahren sind, zu der Sie eigentlich viel zu müde waren, um sich zu konzentrieren? Achten Sie in Zukunft darauf, nur in einem Zustand ins Auto zu steigen, in dem Sie sich Ihrer Konzentration sicher sind. Sie haben eine Person kennengelernt, die Ihnen nicht gutgetan und viele Tränen gekostet hat? Reflektieren Sie die Beziehung und finden Sie heraus, worauf Sie künftig achten wollen.

Schwierige Erfahrungen sind niemals einfach. Sie haben jedoch das Potenzial, uns wacher, aufmerksamer und weiser zu machen. Wenn Sie es schaffen, Ihre Erfahrungen in einen größeren Kontext einzuordnen und sich auf das zu fokussieren, was Sie gelernt haben, können Sie gestärkt daraus hervorgehen. Und noch mehr: Sie werden sich selbst besser kennen und wissen, was Sie wollen und was künftig relevant für Ihr Leben ist. Nicht jeder leidvollen Erfahrung können wir etwas Gutes abgewinnen. Wenn Sie sich jedoch bewusst auf das Gute der Erfahrung fokussieren, werden Sie in vielerlei Hinsicht fündig.

4. Die Komfortzone verlassen

Sicherlich kennen Sie Sprüche wie: „Wachstum beginnt, wenn Sie Ihre Komfortzone verlassen!", oder: „Das wahre Leben beginnt außerhalb der Komfortzone!" Bis zu einem gewissen Grad haben diese Sprüche definitiv ihre Berechtigung. Gleichzeitig hat die Komfortzone auch ihre Vorzüge. Jeder Mensch braucht eine Komfortzone – ohne ist das Leben anstrengend. Wenn wir keine Komfortzone haben, fühlen wir uns ständig gestresst und wehrlos. Es ist also nicht sinnvoll, sich mit Gewalt dazu zu zwingen, aus der eigenen Komfortzone auszubrechen. Vielmehr geht es darum, ihren Wert zu schätzen – und sie dennoch Schritt für Schritt auszudehnen.

Die Komfortzone gibt uns Sicherheit. Wenn wir einen anstrengenden Tag hatten, brauchen wir sie, um zu regenerieren und uns auszuruhen. Gleichzeitig sorgt ein Leben, welches immer innerhalb der Komfortzone gelebt wird, dafür, dass Wachstum unmöglich wird. Erinnern Sie sich an die Situation zwischen den zwei Mitbewohnerinnen Xenia und Annika. In dem Szenario, in dem Xenia in ihrem Zimmer geblieben ist, ohne die Sache anzusprechen, ist sie in ihrer Komfortzone geblieben. Es gab keine Aussprache zwischen den beiden Frauen und somit auch keine Entspannung für Xenia. Manchmal erfordern es Situationen, dass wir über uns hinauswachsen und mutig sind. Dass wir Dinge wagen, die wir nie zuvor gewagt haben. Wenn Sie Ihr Mindset verändern und neue Denk- und Verhaltensweisen wagen wollen, dann ist es auch manchmal erforderlich, innere und äußere Spannungen auszuhalten.

Beim Verlassen der Komfortzone gibt es eine große Herausforderung: Angst. Es gibt einen bestimmten Bereich in unserem Gehirn, der evolutionsgeschichtlich sehr alt ist. Dieser Teil – er heißt „limbisches System" – ist dafür verantwortlich, uns vor Gefahren zu schützen. Da neue Situationen jedoch potenziell gefährlich sind – man weiß nie genau, was einen erwartet –, schlägt das limbische System direkt Alarm. Dies äußert sich wiederum in Angst und in dem diffusen Gefühl, dass etwas nicht in Ordnung ist. Natürlich hat das limbische System einen Nutzen für uns Menschen. Es ist notwendig für unser Überleben. Auf der anderen Seite werden wir nie über uns hinauswachsen, wenn wir uns nicht – zumindest von Zeit zu Zeit – auch unseren Ängsten stellen. Das Leben bleibt dann so, wie es immer war, und wir tun das, was wir immer schon gemacht haben. Auf Dauer werden wir unzufrieden und lustlos, vermutlich sinkt auch das Energielevel. Wie kann es also gelingen, die Komfortzone zu verlassen, ohne dabei in ständigem Stress und Alarmbereitschaft zu sein?

Die Antwort ist einfach: Schritt für Schritt.

Überfordern Sie sich nicht damit, dass Sie versuchen, jeden Tag Ihr ganzes Leben umzukrempeln. Üben Sie stattdessen, immer wieder – Tag für Tag – eine kleine Sache zu machen, die außerhalb Ihrer Komfortzone liegt.

Es ist dafür nicht notwendig, sich sofort mit den größten Ängsten und Herausforderungen zu konfrontieren. Ein kleiner Moment der Herausforderung reicht vollkommen.

Es ist unangenehm für Sie, zu telefonieren? → Rufen Sie eine Freundin an, um ein wenig zu plaudern.

Sie haben Schwierigkeiten damit, Konflikte anzusprechen? → Sprechen Sie eine Sache gegenüber einer Person an, von der Sie wissen, dass diese Ihnen grundsätzlich wohlgesonnen ist.

Sie reden nicht gern vor Menschen? → Präsentieren Sie Ihren Arbeitskollegen in fünf Minuten eine neue Idee.

Wenn Sie sich täglich herausfordern, ohne sich zu überfordern, werden Sie Ihr Gehirn trainieren, weniger Alarm zu schlagen. Es fällt Ihnen dann deutlich leichter, die damit einhergehenden Unsicherheiten und Ängste auszuhalten.

Außerdem wird es Ihnen helfen, wenn Sie lernen, Ihre Angst als etwas Positives zu verstehen. Die Angst ist ein wertvoller Schutzmechanismus, sie zeigt an, dass Sie sich bereits aus Ihrer Komfortzone wagen. Wichtig ist dabei nur, dass die Angst nicht überhandnimmt. Überfordern Sie sich niemals so weit, dass Sie sich handlungsunfähig fühlen. Wie gesagt – es geht darum, die

Komfortzone langsam, Stück für Stück auszudehnen und sich dadurch neue Handlungsspielräume zu erschließen.

5. Nach Unterstützung fragen

Fällt es Ihnen schwer, andere Menschen um Unterstützung zu bitten? Dann sind Sie damit nicht allein. Niemand möchte sich hilflos und schwach fühlen. Doch beim zweiten Hinschauen: Ist es wirklich mit Schwäche gleichzusetzen, wenn man nicht alles allein macht? Gibt es nicht viele Lebensbereiche, in denen wir auf Kooperation und Zusammenarbeit angewiesen sind?

Wenn Sie in den Supermarkt gehen und sich dort frisches Obst kaufen, dann hat jemand anderes dieses Obst gezüchtet. Es ist gepflegt, geerntet und verladen worden. Die Mitarbeiter im Supermarkt haben es in die Regale gestapelt. Vermutlich gehen Sie auch regelmäßig zum Friseur und lassen sich dort von jemand anderem die Haare schneiden. Die Kleidung, die Sie tragen, haben Sie vermutlich nicht selbst genäht. Die Wahrheit ist: Im täglichen Leben sind wir ständig Dynamiken des Gebens und Nehmens unterworfen. Der Unterschied ist, dass diese Transaktionen in der Regel durch Geld reguliert werden. Der Friseurbesuch hat einen festen Preis, ebenso wie die Erdbeeren im Supermarkt. Das macht das Miteinander zu einem gewissen Teil auch unpersönlicher. Wenn Sie einen Freund um Hilfe bitten, dann würden Sie vermutlich nicht auf die Idee kommen, ihm für die Hilfestellung Geld anzubieten. Im Gegenteil – in Freundschaften haben wir oft den Anspruch, altruistisch zu handeln. Wir geben etwas, ohne dafür eine Gegenleistung zu erwarten. Dies wiederum macht das Miteinander weniger absehbar: So gibt es zum Beispiel Menschen, die zu etwas einwilligen, obwohl sie es eigentlich gar nicht möchten. Die viel zu schnell „ja" sagen und es einem möglicherweise anschließend nachtragen, dass man gefragt hat. Hinzu kommen Fragen, die man sich möglicherweise stellt: Wenn ich schon wieder um Hilfe bitte, was werden die anderen dann von mir denken? Werden sie glauben, dass ich selbst nicht lebensfähig bin oder ich nicht klarkomme? Werde ich damit möglicherweise „in der Schuld" meiner Freunde stehen? Werde ich die Freundschaft möglicherweise überstrapazieren? Auf der anderen Seite: Jeder Mensch hat Stärken und Schwächen. Warum sollten wir uns nicht gegenseitig unterstützen, um unsere Ziele zu erreichen und den Alltag schöner und leichter zu gestalten?

Als Kinder ist es für die meisten selbstverständlich, nicht alles allein zu regeln. Das wäre oft auch gar nicht möglich – Kinder brauchen Erwachsene, die ihnen helfen, Sachen beibringen und sie in emotionalen Themen unterstützen und begleiten. Als Erwachsene hingegen geht diese Selbstverständlichkeit leider oft verloren. Doch ist das nicht schade? Wäre es nicht wunderbar, wenn wir freimütig Hilfe annehmen und anderen helfen könnten? Wenn wir um Hilfe bitten, haben wir oft das Gefühl, wir würden anderen etwas zumuten. Doch tatsächlich ist häufig das Gegenteil der Fall. Die meisten Menschen helfen gerne. Helfen zu können, erfüllt den Helfenden oft sogar mit Freude und einem Gefühl der Sinnhaftigkeit. Wäre es nicht schade, anderen dieses Gefühl vorzuenthalten?

Wenn Sie gerade dabei sind, an Ihrem Mindset zu arbeiten, dann gibt es viele Gründe, aus denen es hilfreich sein kann, andere Menschen um Unterstützung zu bitten:

- Sie können wertvolle Ratschläge von Personen erhalten, die möglicherweise schon weiter sind als Sie.

- Sie fühlen sich insgesamt entspannter und zufriedener, wenn Sie in einem Umfeld leben, in dem man sich gegenseitig unterstützt und füreinander da ist.
- Sie profitieren von den Talenten anderer – diese wiederum können von Ihren Talenten profitieren.

Doch wie kann es gelingen, um Hilfe zu fragen, wenn es Ihnen grundsätzlich schwerfällt? Zuallererst dürfen Sie einmal die Gründe reflektieren, die ausschlaggebend für diese Hemmungen sind. Haben Sie Angst davor, Schwäche zu zeigen? Dann dürfen Sie sich bewusst machen, dass es keinesfalls ein Zeichen von Schwäche ist, andere um Rat zu fragen. Vielmehr handelt es sich um etwas vollkommen Menschliches und um ein Zeichen dafür, dass Sie Verantwortung für sich selbst übernehmen. Niemand weiß alles, niemand ist perfekt. Daher ist es sinnvoller, sich helfen zu lassen, als sich allein abzuarbeiten und doch nicht voranzukommen. Vielleicht haben Sie auch die Befürchtung, dass andere Sie als inkompetent oder unfähig abstempeln? Auch diese Befürchtung ist selten begründet, im Gegenteil: Wer Hilfe annimmt, zeigt dadurch, dass er die eigenen Kompetenzen und Grenzen gut einschätzen kann. Oder haben Sie das Gefühl, dass Sie in jemandes Schuld stehen, wenn dieser Ihnen einen Gefallen tut? Auch diese Ansicht dürfen Sie getrost hinterfragen. Es könnte nämlich ebenso sein, dass andere Ihnen gern helfen und gar keine Gegenleistung erwarten – und dass ganz natürlich irgendwann eine gute Gelegenheit entsteht, sich zu revanchieren.

Zuletzt kommt es auch darauf an, *wie* Sie jemanden um etwas bitten. Es geht nicht darum, von anderen etwas zu erwarten, wenn diese möglicherweise gar keine Kapazitäten haben, um Ihnen zur Hand zu gehen. Vielmehr sollten Sie immer so fragen, dass Sie gleichzeitig suggerieren, dass auch ein Nein als Antwort in Ordnung wäre. Wählen Sie dafür Worte wie: „Ich verstehe natürlich, wenn es für dich gerade nicht passt. Es besteht keinerlei Druck und ich werde auch nicht enttäuscht sein, wenn es dir nicht möglich ist, mir zu helfen." Auf diese Weise kann Ihr Gegenüber selbst entscheiden, ob und in welchem Rahmen ihm oder ihr eine Unterstützung möglich ist. Sollte derjenige dann zusagen, obwohl es eigentlich doch nicht passt, dürfen Sie die Verantwortung dafür getrost beim Gegenüber lassen.

Wenn es für Sie noch ungewohnt ist, andere um etwas zu bitten, dann rate ich Ihnen: Versuchen Sie es einfach. Manchmal ist es auch leichter, Menschen nach einem Gefallen zu fragen, denen man selbst schon öfter geholfen hat. Fangen Sie klein an und üben Sie diese Fähigkeit regelmäßig. Sie werden sehen – es wird mit der Zeit immer einfacher.

Stressbewältigung und Resilienz

Kennen Sie diese Menschen, denen scheinbar nichts etwas anhaben kann? Die selbst mit den heftigsten Schicksalsschlägen irgendwie gut umgehen und gestärkt daraus hervorzugehen scheinen? Andere hingegen werden von dem kleinsten Windstoß umgeworfen und sind mit jeder Herausforderung überfordert. Eine Belastung wie ein Umzug in eine neue Stadt kann für zwei Menschen mit relativ ähnlichen äußeren Voraussetzungen vollkommen anders wahrgenommen werden. Während es sich für den einen um eine anstrengende, aber dennoch zu bewältigende Situation handelt, kann der andere unter dem Stress und der Last regelrecht zusammenbrechen.

Dabei liegt der hauptsächliche Unterschied zwischen diesen zwei Personen vermutlich in einer einzigen Sache: Resilienz.

Resilienz wird auch als psychische Widerstandskraft bezeichnet. Menschen, die resilienter sind, sind grundsätzlich nicht so schnell aus der Bahn zu werfen. Sie kommen mit schwierigen Situationen besser klar und werden durch Schicksalsschläge weniger negativ beeinflusst.

Es gibt neuere Studien, die davon ausgehen, dass Resilienz keinesfalls eine geheime Superkraft ist. Vielmehr scheint sich die Resilienz aus verschiedenen Faktoren zusammenzusetzen, die komplex ineinanderwirken – und zu einem gewissen Teil auch lernbar sind. Das bedeutet also, dass man die Resilienz keinesfalls in die Wiege gelegt bekommen muss. Stattdessen ist es möglich, sie zu entwickeln und stetig zu fördern.

Eine der ersten Studien der Resilienzforschung wurde von der US-Psychologin Emmy Werner über viele Jahre durchgeführt. Werner untersuchte 700 Kinder in Hawaii, die alle im Jahr 1955 geboren worden waren. Ein Drittel dieser Kinder war mit schwierigen Lebensbedingungen konfrontiert gewesen. Sie hatten Eltern, die alkohol- oder drogenabhängig waren, unter psychischen Störungen litten oder unter prekären Bedingungen lebten. Verständlicherweise wirkten sich diese Faktoren auch auf das Erwachsenenleben der untersuchten Kinder aus. Sie entwickelten häufig später selbst psychische Probleme, wurden abhängig oder lebten in Armut. Jedoch traf dies nur auf etwa zwei Drittel der Kinder zu. Das letzte Drittel schien, trotz der schwierigen Grundvoraussetzungen, mental stark genug zu sein, um keinen bleibenden Schaden davongetragen zu haben. Diese Kinder entwickelten sich normal, waren als Erwachsene angesehene Mitglieder der Gesellschaft und schlossen teilweise sogar ein Studium ab.

Nach dieser Beobachtung fragte sich Werner, worin sich die Kinder von jenen unterschieden, die es später im Leben deutlich schwerer zu haben schienen. Ihre Hypothese: Die resilienten Kinder hatten zumindest einen Menschen in ihrem Leben, zu dem sie eine starke Bindung aufbauen konnten. Das konnte sowohl ein Elternteil als auch Großeltern, Tanten, Onkel, Freunde der Familie oder Lehrer sein. Daher gilt eine einzige, verlässliche Bezugsperson als wichtiger Faktor für Resilienz. Doch es gibt noch weitere Faktoren, die dazu beitragen, dass Menschen psychisch widerstandsfähiger sind:

- Selbstwirksamkeitserwartung: Resiliente Menschen sind davon überzeugt, dass Sie Herausforderungen meistern und auch mit schwierigen Situationen gut umgehen können.
- Soziales Umfeld: Wir werden resilienter, wenn wir Menschen um uns haben, die uns unterstützen und denen wir uns anvertrauen können. Damit einhergehend auch die Fähigkeit, nach Unterstützung zu fragen.
- Optimismus statt Katastrophisieren: Resiliente Menschen stressen sich nicht damit, sich ständig den Worst Case auszumalen und gehen stattdessen eher vom Besten aus.

Sie sehen vielleicht schon: Resilienz hat viel mit unserer inneren Einstellung zu tun – womit wir wieder beim Thema „Mindset" wären. So sind ein positives Mindset und Resilienz eng miteinander verwoben. Wer optimistischer und zielorientierter denkt, wird auch gleichzeitig seine Fähigkeit zur Resilienz stärken. Haben Sie ein positives Mindset, können Sie sich an schwierige Umstände schneller und besser anpassen und erholen sich auch eher wieder von Rückschlägen. Sie sind davon überzeugt, in schwierigen Situationen Lösungen zu finden, was sie wiederum motiviert und antreibt. Mit einem positiven Mindset fällt es Ihnen leichter, andere Menschen um Hilfe zu bitten und auf diese Weise auch soziale Unterstützung zu erhalten.

Im Folgenden soll es darum gehen, wie es Ihnen gelingt, in herausfordernden und stressreichen Zeiten einen kühlen Kopf und eine optimistische Grundeinstellung zu bewahren. Für beides ist es nicht nötig, tiefenentspannt und erleuchtet zu sein – keine Sorge. Entspannung und Stressreduktion kann jeder lernen, der bereit ist, sich darauf einzulassen.

5 Methoden zur Stressreduktion

Kaum jemand würde vermutlich von sich behaupten, keinen Stress zu haben. Tatsächlich sorgt bereits die Lebensumgebung, in der die meisten von uns sich aufhalten, dafür, dass wir ein gewisses Maß an seelischer Anspannung erleben. Das Leben in Städten, die ständige Reizüberflutung des modernen Alltags mit Medien, dauerhafte Erreichbarkeit – vielen Stressfaktoren können wir uns nur schwer entziehen. Kommt dann noch ein anstrengender Job oder die Doppelbelastung von Arbeits- und Familienleben dazu, ist das Fass schnell übergelaufen. Dies wiederum schlägt sich oft auf Stimmung und Gesundheit nieder. Glücklicherweise gibt es Möglichkeiten, um das Ruder auch wieder herumzureißen und Stress bewusst zu reduzieren. Techniken der Stressreduktion helfen Ihnen dabei, auch in herausfordernden Zeiten den Kopf über Wasser und eine positive Grundstimmung aufrechtzuerhalten. Dabei kann es individuell verschieden sein, welche Dinge für Sie geeignet sind, um Stress abzubauen. Manch einer powert sich gern beim Sport aus, ein anderer verbringt gesellige Stunden mit Freunden und Familie. Wieder andere fahren in ein Yoga-Retreat oder gehen allein wandern. Hier finden Sie 5 Dinge, die Sie tun können, um den Stress in Ihrem Leben zu reduzieren:

#1: Bewegung. Bewegung, am besten an der frischen Luft, baut Stresshormone ab und fördert die Entspannung. Wenn Sie sich so richtig auspowern, werden außerdem Endorphine freigesetzt, die für gute Stimmung und ein leichtes Gemüt sorgen. Regelmäßiges

Training trägt außerdem dazu bei, dass Sie in einem gesunden und leistungsfähigen Körper wohnen – ein weiterer positiver Nebeneffekt für die Gesundheit.

#2: Selbstfürsorge. Vor allem, wenn wir viel zu tun haben, neigen wir dazu, uns selbst zu vernachlässigen. Anstatt kürzerzutreten, fehlt dann oft die Zeit, um sich etwas Gesundes zu kochen oder ausreichend zu schlafen. Dabei führt fehlende Selbstfürsorge langfristig dazu, dass wir noch gestresster werden. Gerade, wenn Sie viel um die Ohren haben, sollten Sie also dafür sorgen, sich gut um sich selbst zu kümmern. Essen Sie gesund, gönnen Sie sich Pausen und tun Sie sich selbst öfter etwas Gutes.

#3: Achtsamkeit. Achtsamkeit ist eine Praxis, die darauf abzielt, das Bewusstsein für den gegenwärtigen Moment zu schärfen, ohne dabei zu urteilen. Sie umfasst die bewusste Wahrnehmung dessen, was in diesem Moment geschieht – seien es unsere Gedanken, Emotionen, körperlichen Empfindungen oder die Umgebung um uns herum. Diese Praxis stammt ursprünglich aus der buddhistischen Tradition, hat aber in den vergangenen Jahren auch in der westlichen Psychologie und Medizin an Bedeutung gewonnen. Achtsamkeit kann durch verschiedene Techniken wie Meditation, Atemübungen und Körperwahrnehmung kultiviert werden. Der Zweck der Achtsamkeitspraxis ist es, eine tiefere Verbindung zu unserem gegenwärtigen Erleben herzustellen. Dies wiederum hilft, Stress abzubauen, die emotionale Regulation zu verbessern und die allgemeine geistige Gesundheit zu fördern. Indem wir achtsam sind, können wir lernen, mit schwierigen Emotionen und Herausforderungen des Lebens auf eine gesündere und konstruktivere Weise umzugehen. Achtsamkeit lässt sich bereits in kleinen Momenten des Alltags kultivieren – beim Teetrinken, beim Aus-dem-Fenster-Schauen oder wenn wir uns für ein paar Augenblicke auf den Atem konzentrieren.

#4: Grenzen setzen. Stress entsteht nicht nur, wenn wir auf der Arbeit viel zu tun haben oder gerade viele Aufgaben gleichzeitig jonglieren. Nein – tatsächlich scheint es zu einem großen Teil auch mit der eigenen Einstellung zu tun zu haben, ob eine Situation als überfordernd wahrgenommen wird oder nicht. Damit einher geht auch die Fähigkeit, Grenzen zu setzen. Menschen, denen es schwerfällt, sich abzugrenzen, gehen häufig auch in ihrem Privatleben zu viele Verpflichtungen ein. Sie fühlen sich für vieles verantwortlich, sagen oft „Ja", wenn sie eigentlich „Nein" meinen, und laden sich zu viel auf. Während die Grenzen nach außen verschwimmen, fällt es diesen Personen schwer, die Grenzen ihres eigenen Körpers und ihre Belastungsgrenzen zu respektieren. Es ist nicht verwunderlich, dass diese Einstellung auf Dauer zur Erschöpfung führt. Lernen Sie also, bewusst „Ja" oder „Nein" zu sagen und auf die eigene innere Stimme zu hören. Übernehmen Sie die Verantwortung für Ihr eigenes Leben, Ihre Bedürfnisse und Ihre freie Zeit.

#5: Priorisieren lernen. Neben fehlenden Grenzen ist ein weiterer Stressfaktor die Schwierigkeit, Prioritäten zu setzen. Es erscheint dann alles gleich wichtig – das neue Projekt auf der Arbeit, der Abwasch in der Spüle, die Freundin, die wieder öfter ausgehen möchte und unzufrieden scheint. Viele unterschiedliche Anforderungen strömen auf einen ein und es wird schwer, den Kopf über Wasser zu halten. Daher kann es in Zeiten der Überforderung hilfreich sein, sich einen genauen Plan zu machen, mit sämtlichen Aufgaben, die es noch zu erledigen gilt. Diese Liste ordnen Sie dann nach ihrer Wichtigkeit. Dabei stellen Sie möglicherweise fest, dass es vermeintliche Aufgaben auf Ihrer Tagesordnung gibt, die für Sie eigentlich überhaupt keine Relevanz haben. Diese Dinge können Sie getrost streichen. Oft stellt sich bereits eine gewisse Entspannung ein, wenn die wichtigsten Aspekte, die ganz oben auf Ihrer Liste stehen, abgearbeitet worden sind.

Neben diesen fünf genannten Dingen gibt es natürlich noch viele weitere Techniken und Methoden, die Ihnen dabei helfen, ruhiger und ausgeglichener zu werden. Manchmal ist es auch einfach nötig, für ein Wochenende wegzufahren und einmal etwas Abstand zu gewinnen. Dies ermöglicht Ihnen einen Blick von oben und ein tiefes Durchschnaufen. Wenn Sie direkt in einer Stressspirale stecken, wird es schwierig werden, einen klaren Kopf zu bewahren. Dann erscheint alles zu viel und Sie sind vermutlich nur noch am Rotieren. Erkennen Sie diese Momente und nehmen Sie sich — sofern es möglich ist — so schnell wie möglich eine Auszeit. Ziehen Sie im Zweifelsfall lieber die Reißleine, als sich wochenlang zu überfordern und schlimmstenfalls irgendwann auszubrennen. Gewöhnen Sie sich an, regelmäßig bei sich selbst einzuchecken und zu spüren, wie es Ihnen gerade geht. Kümmern Sie sich um sich selbst, um aus einer inneren Fülle schöpfen zu können, statt einem Zustand der Überforderung ausgesetzt zu sein.

3 Methoden, um sinnvoll Prioritäten zu setzen

Wenn Sie sich im Leben weniger gestresst fühlen wollen, dann kommen Sie nicht um eine kluge Prioritätensetzung herum. Andernfalls werden Sie vermutlich irgendwann das Gefühl haben, von Tausenden von Anforderungen schlichtweg zerquetscht zu werden. Wenn wir uns nicht zu einem gewissen Grad davor schützen, wird es unzählige Aufgaben geben, die aus den verschiedensten Richtungen ungefiltert auf uns einströmen. Umso wichtiger ist es daher, dass wir uns immer wieder darüber klar werden, was wir wollen und was nicht. Um sich gut abgrenzen zu können, ist das Setzen von Prioritäten ein erster Schritt. Das bedeutet auch, einen gewissen inneren Filter zu etablieren, der zuverlässig das „draußen hält", was aktuell nicht relevant ist, um dadurch wiederum den Kopf frei zu haben für die Dinge, die Ihnen wirklich am Herzen liegen. Fehlende Prioritäten im Berufsleben hingegen führen nicht nur dazu, dass Sie sich gestresst fühlen, sondern auch, dass Sie innerlich regelrecht „zerfasern". Wenn Sie auf allen Hochzeiten gleichzeitig tanzen wollen, dann wird es schwer werden, wirklich erfolgreich zu sein. Kurzum – klare Prioritäten zu setzen, ermöglicht uns ein stressfreieres, zufriedeneres und erfolgreicheres Leben. Doch wenn das eigentlich so klar ist – warum fällt es dann manchmal so schwer? Das kann verschiedene Gründe haben:

- Sie möchten niemanden vor den Kopf stoßen.
- Sie haben viele Leidenschaften und können sich schwer entscheiden.
- Es ist schlichtweg eine Gewohnheit von Ihnen, zu allem „Ja" zu sagen.
- Sie sagen zu etwas zu, bevor Sie sich überhaupt damit auseinandergesetzt haben, ob Sie die Kapazitäten dafür haben.
- In einer Welt voller Möglichkeiten werden Sie von zu vielen Entscheidungen überwältigt und geraten in eine regelrechte Entscheidungsparalyse.

So oder so – es gibt Tools und Methoden, die Ihnen dabei helfen, klug zu priorisieren, um sich weniger zu verzetteln und sich gezielt auf das zu fokussieren, was Ihnen am Herzen liegt. Bedenken Sie dabei, dass es sinnvoll ist, von Zeit zu Zeit Ihre Prioritäten immer wieder neu zu reflektieren. Bei den meisten Menschen ist es so, dass Prioritäten sich im Laufe des Lebens verändern und sich, je nach Lebensphase, sehr unterscheiden können. Was Ihnen gestern wichtig gewesen ist, muss es nicht unbedingt auch morgen sein. So werden beispielsweise materielle Ziele häufig weniger relevant, je älter wir werden. Gesundheit und gute Beziehungen hingegen nehmen meist über den Lauf des Lebens an Wichtigkeit zu. Welche Methoden gibt es also, um Prioritäten zu setzen und Klarheit über die Dinge zu erlangen, die für Sie in Ihrer aktuellen Lebensphase relevant sind?

1. Die ABC-Methode

Die ABC-Methode ist besonders gut für Menschen geeignet, die eher chaotisch denken und denen es schwerfällt, sich an Listen, Pläne und Systeme zu halten. Es handelt sich um eine intuitive Art der Priorisierung, bei der die einzelnen Aufgaben in drei verschiedene Kategorien eingeordnet werden:

- A-Aufgaben: sehr wichtig → sollten sofort erledigt werden
- B-Aufgaben: weniger wichtig → können später erledigt oder delegiert werden
- C-Aufgaben: kaum wichtig → werden delegiert oder komplett verworfen.

Das Ziel dieser Methode ist es, sich bewusst zu fragen, ob wirklich alle Aufgaben, die man auf der Liste hat, aktuelle Relevanz haben, sodass letztlich nur die Dinge übrig bleiben, die wirklich wichtig sind.

2. Die Eisenhower-Methode

Diese Technik ist der ABC-Methode sehr ähnlich. Sie geht wohl auf ein Zitat des US-Präsidenten Dwight D. Eisenhower zurück – daher ihr Name. Bei der Eisenhower-Methode werden die zu erledigenden Aufgaben in zwei Kategorien eingeteilt: wichtig vs. unwichtig und dringend oder nicht dringend. Diese Kategorien werden in eine Matrix übertragen:

dringend, aber unwichtig	dringend und wichtig
→ delegieren	→ sofort erledigen
nicht dringend und unwichtig	nicht dringend und wichtig
→ ignorieren	→ terminieren

Wenn Sie jeden Tag eine ganze Reihe an Aufgaben zu erledigen haben, dann ist es vermutlich zu langatmig, solch eine Matrix täglich anzufertigen. Das Ziel dieser Methode ist es hauptsächlich, sie zu verinnerlichen, sodass Sie irgendwann automatisch im Kopf Ihre Aufgaben in unterschiedliche Kategorien einteilen – und schneller feststellen, welche davon Sie getrost ignorieren oder auf später verschieben können.

3. Die 10-10-10-Methode

Diese Methode eignet sich besonders, wenn Sie vor einer Entscheidung stehen und sich nicht sicher sind, welche die beste Wahl ist. Es geht dabei darum, eine gewisse Distanz aufzubauen, sodass Sie Ihre Entscheidung aus einer weiteren Perspektive betrachten können. Dafür stellen Sie sich drei Fragen:

1. Wie werde ich über meine Entscheidung in 10 Minuten denken?
2. Wie werde ich über meine Entscheidung in 10 Monaten denken?
3. Wie werde ich über meine Entscheidung in 10 Jahren denken?

Das Ziel dieser Übung ist, den Blick für einen weiteren Zeitrahmen zu öffnen. Oft sind wir so eingenommen von unserem täglichen Leben, dass wir schnell aus dem Blick verlieren, was wir eigentlich langfristig wollen. So kann es passieren, dass eine wichtige Entscheidung nicht getroffen wird, weil die Konsequenzen sich kurzfristig unangenehm anfühlen. Oder aber wir tun Dinge, die zwar kurzfristig schön sind, vernachlässigen dabei jedoch den Blick für das große Ganze. Zuletzt hilft diese Übung dabei, sich bewusst zu machen, dass manche Entscheidungen – langfristig betrachtet – gar nicht so wichtig sind. Das kann den Geist entspannen und dazu beitragen, dass wir uns nicht zu sehr mit vielen kleinen Alltagsentscheidungen stressen.

Insgesamt haben alle drei Übungen eigentlich das gleiche Ziel: Sie sollen dabei helfen, einen Überblick darüber zu bekommen, was vermeintlich erledigt werden muss und was vielleicht doch nicht so relevant ist. Idealerweise beginnen Sie mit der Setzung Ihrer Prioritäten, bevor Sie sich ans eigentliche Abarbeiten machen, um sicherzugehen, dass Sie sich nicht in Kleinigkeiten verlieren. Zwar kostet es immer etwas Zeit, eine Einordnung vorzunehmen – auf lange Sicht wird es Ihnen jedoch äußerst viel Zeit ersparen. Die dadurch gewonnene Klarheit im Kopf wiederum hilft dabei, motivierter und stressbefreiter durch den Tag zu gehen.

7 Tipps zum Aufbau von Resilienz

Wie Sie bereits erfahren haben, stehen psychische Resilienz und ein positives Mindset in einem engen reziproken Zusammenhang: Ein positives Mindset lässt uns resilienter werden und umgekehrt führt Resilienz häufig auch zu einem positiven Mindset. Das bedeutet auch: Wenn Sie dafür sorgen, dass Sie psychisch widerstandsfähiger werden, wird sich dies auch automatisch auf Ihr Mindset auswirken. Folgende Tipps können Ihnen dabei helfen, Ihre psychische Widerstandskraft zu stärken:

Tipp #1: Finden Sie einen Sinn

Im vorherigen Kapitel ging es darum, wie es gelingen kann, schmerzhafte Erfahrungen zu überwinden, die Ihnen im Weg stehen. In diesem Zusammenhang haben Sie auch erfahren, dass ein wichtiger Faktor dabei ist, im Geschehenen einen größeren Sinn zu erkennen. Wenn Sie lernen, in Krisen auch etwas Gutes – zumindest einen Lerneffekt – zu erkennen, wird dies dabei helfen, die Krisen zu überwinden und vielleicht sogar gestärkt daraus hervorzugehen. Das bedeutet nicht, dass Sie dankbar sein sollen für schlimme Dinge, die Ihnen möglicherweise widerfahren sind, oder es notwendig ist, Menschen direkt zu vergeben, die Sie verletzt haben. Vielmehr geht es darum, die Blickrichtung zu ändern. Ja, es darf auch einmal schmerzhaft und schwierig sein *und trotzdem* haben Sie möglicherweise etwas gelernt, worüber Sie froh sind. Beide Aspekte dürfen nebeneinander und gleichzeitig bestehen, wobei Sie bewusst entscheiden können, worauf Sie Ihre Aufmerksamkeit lenken.

Tipp #2: Suchen Sie die Chance in der Krise

Mit etwas Abstand betrachtet bieten die meisten Lebenskrisen auch gleichzeitig Chancen. Sie motivieren uns dazu, aus dem Scherbenhaufen, der vor uns liegt, einen neuen Anfang zu wagen. Wenn der Schmerz am größten ist, können wir dies meist noch nicht sehen – im Rückblick häufig aber sehr wohl. Sicherlich haben Sie solch eine Situation schon einmal erlebt oder kennen Sie aus Ihrem Umfeld: Nach einer schwierigen Trennung traut sich jemand, endlich zu sich selbst zu stehen und all die Dinge zu tun, die vorher innerhalb der Beziehung nicht möglich schienen. Oder jemand hat eine bedrohliche Krankheit – erleidet beispielsweise einen Herzinfarkt – und nutzt diese Erfahrung, um sich endlich der eigenen Gesundheit zuzuwenden.

Tipp #3: Lösungsorientiertes Denken

Eine unangenehme Situation ist umso schwieriger, je mehr wir in ihr festzustecken scheinen. Gibt es jedoch eine potenzielle Lösung – oder zumindest einen Lösungsansatz, auf den wir uns fokussieren können – sieht die Welt oft viel freundlicher aus. So wird es Ihnen guttun, wenn Sie in schwierigen Situationen lernen, nicht direkt zu verzagen – sondern stattdessen zu überlegen, wie Sie Ihre Situation verbessern können. Aus diesen möglichen Lösungen entwickeln Sie dann Ziele, die Sie bewusst verfolgen können.

Tipp #4: Akzeptanz

Veränderungen gehören, ebenso wie schwierige Phasen, zum Leben dazu. Mit „Akzeptanz" ist nicht gemeint, dass Sie alles gutheißen müssen, was Ihnen möglicherweise passiert ist. Vielmehr bedeutet es, nicht in eine innere Haltung des Widerstands zu verfallen, sondern stattdessen weich zu bleiben. Verharren Sie zu lange im Widerstand, werden Sie nicht vorankommen und sich letztlich selbst bekämpfen. Akzeptieren Sie, dass Veränderungen und Stressphasen notwendig sind, um langfristig etwas dazuzulernen, sich weiterzuentwickeln und mit den eigenen Aufgaben zu wachsen.

Tipp #5: Das große Ganze im Blick behalten

Wenn es ein Problem gibt, dann neigen wir oft dazu, nur das Problem zu sehen. Vielleicht ist dann alles überschattet von Gedanken, die ausschließlich darum kreisen. Wir verbeißen uns regelrecht in unsere Schwierigkeiten – und kommen dadurch kein Stück weiter. Vielleicht kennen Sie den Spruch: „It's a bad day, not a bad life." Den können Sie sich immer wieder ins Bewusstsein rufen, wenn Sie dabei sind, zu verzweifeln. Richten Sie den Blick auf die Gesamtheit – so werden Sie sehen, dass es neben den Schwierigkeiten sicherlich auch viele Ressourcen in Ihrem Leben gibt.

Tipp #6: Soziale Unterstützung

Erinnern Sie sich an das Resilienz-Experiment von Emmy Werner: Die Kinder, die nur eine einzige enge, wertschätzende Bindung aufbauen konnten, zeigten sich ungleich resilienter als jene, die diese Möglichkeit nicht hatten. Soziale Beziehungen und Menschen, mit denen wir uns wohlfühlen, sind ein großer Resilienzfaktor. Achten Sie daher darauf, auch wenn Sie sehr unter Stress stehen, ihre sozialen Beziehungen nicht zu vernachlässigen. Auch wenn Sie das Gefühl haben, keine Zeit zu haben, sich mit Freunden zu treffen: Liebe Menschen fungieren als eine Art Puffer zwischen uns und dem Stress. Es wird Ihnen besser gehen, wenn Sie weiterhin den Kontakt halten oder neue Kontakte aufbauen.

Tipp #7: Ressourcen finden

Es gehört zum Leben dazu, dass wir manchmal nicht weiterwissen und uns ratlos oder gar hilflos fühlen. Wenn Sie merken, dass Sie an einen solchen Punkt kommen, dann geben Sie nicht auf: Überlegen Sie sich, ob und wie Sie neue Ressourcen mobilisieren können. Ressourcen können vielerlei Dinge sein:

- Aktivitäten, die Ihnen Spaß machen und Stress reduzieren
- Neuer Input: Bücher, Podcasts, Online-Kurse zu dem Thema, an dem Sie gerade knabbern
- Soziale Unterstützung
- Therapie, Coaching, Beratung

In den meisten Situationen werden sich durch die proaktive Suche nach Ressourcen wieder neue Wege ergeben, die Ihnen das Weiterkommen ermöglichen und neue Impulse schenken.

Sie sehen – die meisten Tipps zum Aufbau von Resilienz haben mit Ihrem Mindset und der Denkweise zu tun, die Sie an den Tag legen. Die beiden Dinge sind untrennbar miteinander verwoben. So hängt Stressbewältigung auch damit zusammen, wie Sie insgesamt im Leben stehen. Tun Sie die Dinge, die Ihnen guttun. Pflegen Sie soziale Kontakte. Kümmern Sie sich um sich selbst, Ihren Körper und Ihre Gedanken. Dann werden Sie nicht nur glücklicher und zufriedener leben, Sie werden auch widerstandsfähiger gegenüber den Widrigkeiten sein, die das Schicksal uns manchmal in den Weg wirft.

Ziele setzen und persönliches Wachstum fördern

Nach der Situation in der Küche ist die Stimmung in der WG von Xenia und Annika noch immer angespannt. Annika spürt, dass Xenia verunsichert zu sein scheint. Xenia traut sich nicht mehr, auf Annika zuzugehen. Dadurch, dass beide im Alltag viel um die Ohren haben, sehen Sie sich kaum in der WG, was wiederum dazu führt, dass die Irritation immer größer wird. Was als ein kleines Missverständnis begonnen hat, führt dazu, dass Xenia sich irgendwann kaum noch aus dem Zimmer traut. Irgendwann spürt sie: Das kann so nicht weitergehen. Sie möchte daran arbeiten, konfliktfähiger zu werden und die Dinge anzusprechen, die ihr auf dem Herzen liegen. Ihr fällt auf, dass ihre Art, leicht eingeschüchtert und verängstigt zu sein, ebenso wie ihr starkes Vermeidungsverhalten, ihr auch in anderen Lebensbereichen auf die Füße fällt. Doch wo kann Xenia nun ansetzen, um ihr „Problem" in den Griff zu bekommen? Ein Plan muss her.

Wenn wir etwas in unserem Leben erreichen wollen – so wie Xenia in unserem Beispiel – dann brauchen wir klare Ziele. Diese können sich auf alle Lebensbereiche beziehen, nicht nur auf die persönliche Entwicklung. Auch bestimmte berufliche

Vorstellungen oder Zukunftspläne in Bezug auf das Privat- und Familienleben lassen sich als konkrete Ziele formulieren. Haben wir keine Ziele, kommt es uns manchmal so vor, als würden wir ohne Plan und Kompass im Leben umherirren, ohne dass wir so recht wissen, wohin wir eigentlich wollen. Es entsteht möglicherweise das Gefühl, im Leben irgendwie „verloren" zu sein. Doch ein Ziel zu haben, reicht allein nicht aus. Damit wir ein Ziel auch realistischerweise erreichen können, braucht es bestimmte Bedingungen. Wir scheitern meist nicht, weil wir keine Ziele haben – sondern weil die Ziele, die wir haben, so gesetzt sind, dass sie unkonkret oder unrealistisch sind.

Ziele, Wachstum und Mindset hängen zusammen. Sind Sie festgefahren in einem „Fixed Mindset", in dem Sie davon ausgehen, dass Sie ohnehin nichts ändern können? Dann werden Sie vermutlich mit dieser Annahme letztlich richtig liegen. Möchten Sie etwas verändern, doch Sie wissen nicht, wo Sie anfangen können? Auch dann kann es passieren, dass Sie sich eher im Kreis drehen, ohne dass wirklich etwas passiert. Ein positives Mindset wird Ihnen zuletzt dabei helfen, motiviert an Ihren Zielen dranzubleiben und diese auch umzusetzen. Ein Growth Mindset ist optimistisch, lösungs- und zielorientiert. Doch wie sollten Ziele formuliert werden, damit sie sich auch wirklich umsetzen lassen? An dieser Stelle hilft Ihnen das SMART-Prinzip.

5 Aspekte von SMARTen Zielen

Ziele, die unkonkret bleiben, sind nur Träume. Um Ziele in die Tat umzusetzen, reicht es nicht aus, diese einfach nur im Kopf zu formulieren. Untersuchungen haben gezeigt, dass es deutlich wirksamer ist, Ziele auch aufzuschreiben. Durch das Aufschreiben gewinnen sie an Verbindlichkeit: Sie können so schwarz auf weiß sehen, was Sie sich vorgenommen haben. Es gibt dann keine Ausreden mehr. Doch wie lassen sich Ziele aufschreiben, sodass Sie auch realistisch umsetzbar sind? An dieser Stelle kommt das

SMART-Prinzip ins Spiel. Das Wort „SMART" ist ein Akronym: Jeder Buchstabe steht für einen Aspekt der formulierten Ziele. Diese sollten also folgende Eigenschaften haben:

Spezifisch: Es wird so präzise und konkret wie möglich formuliert, was erreicht werden soll.

Messbar: Wann wissen Sie, dass Sie Ihr Ziel erreicht haben? Woran können Sie das erkennen?

Attraktiv: Ein Ziel benötigt eine gewisse Anziehungskraft, um Sie zu motivieren.

Realistisch: Haben Sie die nötigen Ressourcen und Fähigkeiten, um Ihr Ziel zu erreichen?

Terminiert: Setzen Sie ein klares Datum fest, bis wann Sie Ihr Ziel erreicht haben möchten.

Verdeutlichen wir das SMART-Prinzip einmal am Beispiel der Studentin Xenia, die unzufrieden mit ihrer eigenen Konfliktfähigkeit ist.

Spezifisch

Xenia spürt, dass sie sich gern in Bezug auf ihr Selbstbewusstsein und ihre Fähigkeit, sich zu trauen, Konflikte auszuhalten, weiterentwickeln möchte. Dieses Ziel an sich ist noch nicht spezifisch genug – es fehlt eine klare Formulierung, die es Xenia ermöglicht, eine deutliche Vision zu erschaffen und sich konkret auf ihr Ziel zuzubewegen. Deshalb schreibt sie auf: „Innerhalb eines Monats möchte ich meine Fähigkeit verbessern, Konflikte konstruktiv auszuhalten, indem ich aktiv an meinem Kommunikationsstil arbeite und mindestens eine neue Konfliktlösungsstrategie erlerne, die ich in meiner täglichen Interaktion anwende."

Messbar

Messbarkeit bedeutet, dass man klare Kriterien dafür festlegt, wann man das Ziel erreicht hat. Fehlt die Messbarkeit, treibt man wie ein Boot ohne Ziel auf dem Ozean. Auch Teilschritte können formuliert werden, ebenso wie Möglichkeiten, um den eigenen Fortschritt zu verfolgen. Xenia könnte etwas in der Art schreiben: „Innerhalb des nächsten Monats werde ich eine konkrete Konfliktlösestrategie lernen. Diese Strategie werde ich in jeder Situation üben, die sich mir bietet, um auszuprobieren, ob sie wirksam ist.“

Attraktiv

Für ein Ziel, das uns wenig interessiert, werden wir uns wohl kaum in Bewegung setzen. Stattdessen benötigt das Ziel eine gewisse Anziehungskraft, um die nötige Motivation zu erzeugen. Außerdem sollte das Ziel möglichst positiv formuliert werden, um die Anziehungskraft zu verstärken. Ein Ziel wie: „Ich möchte nicht mehr so unsicher sein“, erfüllt die Voraussetzungen daher nicht. Erinnern Sie sich an den Teil zu Affirmationen und Unterbewusstsein: Am schnellsten verarbeitet werden bei dieser Formulierung die Wörter „ich“ und „unsicher“. Besser wäre daher etwas wie: „Ich möchte meine Konfliktlösefähigkeit verbessern, um mich souveräner und selbstsicherer in meinen sozialen Beziehungen zu fühlen.“

Realistisch

Ziele, die zu hochgesteckt sind, scheinen unerreichbar. Dies wiederum führt dazu, dass wir auf dem Weg dorthin resignieren und allzu schnell das Handtuch werfen. Nicht nur fehlende Fähigkeiten führen zur Überforderung: Es kann auch sein, dass der Zeitpunkt schlichtweg ungünstig ist, weil die mentalen Ressourcen fehlen. Dann ist es sinnvoll, das Ziel so umzuformulieren, dass es realistisch schaffbar ist. Im Fall von Xenia könnte der Vorsatz, in jeder möglichen Situation zu üben, eine Überforderung darstellen. Es könnte sein, dass sie beispielsweise einen schlechten Tag hat oder sich anderweitig zu ängstlich oder angespannt fühlt, um in die Konfrontation zu gehen. Möglicherweise baut das Ziel dann unnötig viel Druck auf und führt dazu, dass sie zu schnell aufgibt und sich noch mehr über sich selbst ärgert. Daher ist es sinnvoll, das Ziel etwas umzuformulieren: „Ich möchte meine neue Konfliktlösefähigkeit in mindestens einer von drei sich bietenden Situationen üben. Falls es mir nicht gelingt, in den Konflikt zu gehen, möchte ich mir in einer ruhigen Minute Zeit nehmen, um die Situation zu analysieren und mir zu überlegen, was mir beim nächsten Mal helfen könnte, mutiger zu sein."

Terminiert

Hat ein Ziel eine Art „Deadline", wird uns das dabei helfen, fokussiert und motiviert zu bleiben. Außerdem erzeugen wir so einen festen Rahmen. Das „Arbeiten" am Ziel dehnt sich nicht endlos aus – was ebenso zu einer Überforderung führen kann. Stattdessen wissen wir ganz genau, wann die Zeit abgelaufen ist und wir damit fertig sein wollen. Xenia hat sich beispielsweise für das Erreichen ihres Zieles einen Monat als Zeitgrenze gesetzt. Es können aber auch deutlich längere oder kürzere Zeiträume sinnvoll sein. Ist die Zeit um, können wir in die Reflexion gehen und überprüfen, ob wir es geschafft haben, das Ziel zu erreichen. Falls nein, ist es möglicherweise sinnvoll, nicht gleich alles zu verwerfen, sondern stattdessen ein paar Änderungen vorzunehmen und es noch einmal zu versuchen.

4 Teile der WOOP-Methode

Die „WOOP-Methode" ist eine zweite Technik zum Umsetzen von Zielen. Sie wurde von der Psychologin Gabriele Oettingen entwickelt. Der Name „WOOP" ist ebenfalls ein Akronym. Die einzelnen Buchstaben stehen für „Wish, Outcome, Obstacle, Plan" (Wunsch, Ergebnis, Hindernis, Plan). Während die

SMART-Methode den Schwerpunkt auf die Klarheit und Messbarkeit der Ziele sowie auf die Festlegung von Realisierbarkeit, Relevanz und Zeitrahmen legt, hat die WOOP-Methode einen etwas anderen Schwerpunkt. Sie betont die positive Visualisierung des gewünschten Ergebnisses und die Identifizierung potenzieller Hindernisse im Voraus. Außerdem konzentriert sich die WOOP-Methode stark auf die Entwicklung von Bewältigungsstrategien. Sie ist also auf der einen Seite emotionaler angelegt – man geht davon aus, dass die Visualisierung dabei hilft, das Ziel besser und lebendiger in sich zu verankern. Andererseits beinhaltet sie auch einen sehr rationalen und analytischen Ansatz im Umgang mit möglichen Hindernissen.

Es ist keinesfalls so, dass Sie sich für eine der beiden Methoden entscheiden müssen. Stattdessen können die unterschiedlichen Techniken sich gut gegenseitig ergänzen und zusammen verwendet werden, um einen umfassenden und effektiven Ansatz zur Zielerreichung zu bieten.

Die SMART-Methode ermöglicht es, klare und konkrete Ziele zu formulieren. Dies legt den Rahmen für ein Ziel fest und gewährleistet, dass dieses Ziel auch erreichbar ist. Die Visualisierung dieser Ziele im Sinne der WOOP-Methode wiederum hilft dabei, die Motivation zu fördern und sich gut auf mögliche Hindernisse vorzubereiten. Nachdem Sie SMART-Ziele gesetzt haben, können Sie die WOOP-Methode verwenden, um diese Ziele weiter zu verfeinern und zu unterstützen.

Worin also bestehen die einzelnen Komponenten der WOOP-Methode?

Wish (Wunsch): Identifizieren Sie Ihren Wunsch oder Ihr Ziel. Stellen Sie sicher, dass das Ziel spezifisch, herausfordernd und realistisch ist.

Outcome (Ergebnis): Visualisieren Sie das positive Ergebnis, das Sie erreichen möchten. Stellen Sie sich mit allen Sinnen vor, wie es sein wird, am Ziel zu sein.

Obstacle (Hindernis): Welche Herausforderungen oder Hindernisse könnte es auf dem Weg zu überwinden geben? Was könnte Sie daran hindern, Ihr Ziel wirklich zu erreichen?

Plan: Entwickeln Sie einen konkreten Plan, um diese Hindernisse bewältigen zu können. Überlegen Sie sich bereits vorab, wie Sie mit schwierigen Situationen umgehen können, falls sie auftreten.

So weit, so gut. Was ist das Besondere an der WOOP-Methode? Was unterscheidet sie von anderen Methoden und macht sie so effektiv, dass sie ein Unterkapitel in diesem Buch bekommen hat?

Zum einen macht man sich im Sinne dieser Methode vorab Gedanken über sämtliche mögliche Schwierigkeiten und Hindernisse. Dabei geht es nicht darum, sich den Worst Case auszumalen. Vielmehr ist das Ziel, im Falle eines Falles gut vorbereitet zu sein und nicht von Unvorhersehbarkeiten überrumpelt zu werden. Außerdem betrachtet man auf diese Weise die möglichen Hindernisse vorab als feste Gegebenheit. Es ist vollkommen normal, dass Hindernisse auftreten können. Das gehört zum Prozess dazu. Diese Einstellung ist hilfreich, um dann, wenn es wirklich Schwierigkeiten geben sollte, nicht allzu schnell den Kopf in den Sand zu stecken.

Zum anderen besitzt die WOOP-Methode eine ausgeklügelte Reihenfolge, die unbedingt eingehalten werden sollte. Wenn Sie beispielsweise vor der Visualisierung mit der Problemsuche anfangen würden, dann würde Sie das vermutlich in Ihrer Vorstellungskraft hemmen. Da Sie jedoch damit anfangen, sich einen Wunsch unabhängig von sämtlichen möglichen sozialen

Konventionen, äußeren Gegebenheiten und Lebenssituationen auszumalen, öffnen Sie den Raum für das Träumen.

Die Visualisierung ist ein kraftvolles Tool, um Ziele und Wünsche in die Tat umzusetzen. Durch Visualisierung können Sie Ihr Unterbewusstsein programmieren, auf Ihr Ziel hinzuarbeiten. Indem Sie sich immer wieder vorstellen, wie Sie Ihr Ziel erreichen, senden Sie positive Botschaften an Ihr Unterbewusstsein, das dann dazu beitragen kann, Ihre Handlungen in Übereinstimmung mit Ihrem Ziel auszurichten. Indem Sie sich regelmäßig darauf konzentrieren, wie es sich anfühlt, Ihr Ziel zu erreichen, bleiben Sie fokussiert und reagieren weniger auf Ablenkungen.

Haben Sie schon einmal eine Fantasiereise gemacht? Also sich in einem entspannten Zustand vorgestellt, wie es wäre, an einem anderen Ort zu sein, zum Beispiel am Meer, in den Bergen oder im Wald? Dann wissen Sie vermutlich, wie kraftvoll die Vorstellungskraft sein kann. Je plastischer Sie sich die Situation vorstellen, umso mehr werden Sie das Gefühl haben, wirklich dort zu sein. Und mehr noch: Teilweise werden sogar die gleichen Hormone und chemischen Botenstoffe in Ihrem Nervensystem ausgeschüttet, die man finden würde, wenn Sie sich wirklich an diesem entspannenden Ort befänden – nur in etwas niedrigerer Konzentration. Wenn Sie sich also regelmäßig vorstellen, wie Sie Ihr Ziel bereits erreicht haben, können Sie tatsächlich neue neuronale Verbindungen in Ihrem Gehirn schaffen. Dies trägt dazu bei, dass die Visualisierung im Laufe der Zeit immer effektiver wird und es automatisch leichter fällt, die Ziele zu erreichen.

Und erst *nach* dieser intensiven inneren Erfahrung wird es darum gehen, sich mit möglichen Problemen zu befassen, für die man effektive Lösungen zu finden versucht. Insgesamt bietet die WOOP-Methode also eine weitere praktische und effektive Möglichkeit, sich Ziele zu setzen und sie zu erreichen.

4 verschiedene Arten von Zielen

Bevor Sie sich daranmachen, Ihre Ziele zu formulieren, möchte ich Ihnen verschiedene Arten von Zielen erläutern. Es gibt insgesamt 4 unterschiedliche Ziel-Arten, die auch verschieden attraktiv, klar und hilfreich für uns sind. Diese Arten zu kennen, wird Ihnen dabei helfen, Ihre Ziele später so zu formulieren, dass Sie auch die nötige Attraktivität besitzen, um sich dafür in Bewegung zu setzen.

Zum einen unterscheidet man in der Psychologie Annäherungsziele und Vermeidungsziele.

Vermeidungsziele sind darauf ausgerichtet, negative Erlebnisse oder Verluste zu verhindern. Wir setzen uns Vermeidungsziele, um uns vor unangenehmen Konsequenzen oder Erfahrungen zu beschützen. Ein Vermeidungsziel wäre beispielsweise Folgendes: <u>Maik möchte *nicht* seinen Job verlieren (deshalb fragt er auch nicht nach einer Gehaltserhöhung)</u>. Viele Menschen formulieren Vermeidungsziele – ganz besonders dann, wenn sie Angst davor haben, dass bestimmte Situationen eintreten. Das Problem mit Vermeidungszielen ist jedoch, dass sie uns davon abhalten, zu spüren, was wir stattdessen wollen. Vermeidungsziele sind menschlich, sie üben jedoch keine Anziehungskraft auf uns aus und sind deshalb auch wenig geeignet, um attraktive Zukunftsvisionen zu kreieren.

Annäherungsziele hingegen beziehen sich auf Dinge, die wir erreichen oder auf die wir hinarbeiten möchten. Sie sind positiv formuliert und motivieren uns dazu, fokussiert am Ball zu bleiben. Wir können uns visuell vorstellen, ein Annäherungsziel zu erreichen, wenn es konkret genug ist. Annäherungsziele sind gut geeignet für die Formulierung als SMARTe Ziele. Ein Beispiel für ein Annäherungsziel: <u>Maik möchte mehr Geld verdienen.</u>

Der Hauptunterschied zwischen Annäherungs- und Vermeidungszielen liegt also in deren Ausrichtung. Während sich Vermeidungsziele auf negative Ereignisse fokussieren (die nicht eintreten sollen), sind Annäherungsziele auf das Positive ausgerichtet, das man mehr im Leben haben möchte. Wenn Sie sich an das Kapitel über die Affirmationen erinnern, dann wird es Sie vermutlich nicht verwundern, dass es hauptsächlich die Annäherungsziele sind, die uns dabei helfen, ein erfülltes und positives Leben zu erschaffen.

Unabhängig davon kann man zusätzlich noch zwischen Ergebnis- und Handlungszielen unterscheiden.

Ergebnisziele fokussieren sich auf einen bestimmten Endzustand, den man erreichen möchte. Sie eignen sich besonders dann, wenn das Erreichen des Ziels hauptsächlich an Ihnen selbst liegt und es weniger weitere Variablen gibt. Ein Beispiel für ein Ergebnisziel: <u>Nadine möchte innerhalb der nächsten fünf Monate mindestens fünf Kilo abnehmen.</u>

Bei den **Handlungszielen** geht es eher darum, was Sie machen wollen, um Ihr Ziel zu erreichen. Es geht hauptsächlich um das Ausführen bestimmter Handlungen oder das Etablieren von Routinen und weniger um ein konkretes Ziel oder Endergebnis. Ein Beispiel: <u>Louis möchte zwecks Selbstreflexion an fünf von sieben Wochentagen morgens eine halbe Stunde Tagebuch schreiben.</u>

Der Hauptunterschied zwischen Ergebniszielen und Handlungszielen liegt also darin, dass Ergebnisziele das gewünschte Endziel definieren, während Handlungsziele die konkreten Schritte beschreiben, die unternommen werden müssen, um ein Ziel zu erreichen. Handlungsziele sind besser kontrollierbar, da sie direkt von der handelnden Person beeinflusst werden können. Endziele hingegen hängen öfter auch von externen Faktoren ab und sind dadurch „fehleranfälliger".

Wenn Sie SMARTe Ziele formulieren, dann ist es also ideal, Handlungsziele zu formulieren, die außerdem Annäherungsziele sind. Für den Fall, dass Sie das Ergebnis Ihrer Ziele selbst beeinflussen können, sind auch Endziele (annähernd formuliert) möglich. Was gilt es sonst noch beim Setzen von Zielen und ihrem Erreichen zu beachten, damit Sie letztlich erfolgreich sind?

6 Tipps für das Erreichen von Zielen

Ein wichtiger Aspekt für das Formulieren von Zielen ist das SMART-Prinzip. Darüber hinaus gibt es jedoch noch weitere nützliche Dinge, die Ihnen dabei helfen können, das umzusetzen, was Sie sich vorgenommen haben – um langfristig ein Leben zu gestalten, das Ihnen wirklich dienlich ist.

Tipp #1: Formulieren Sie Ihre Ziele immer schriftlich
Ziele, die wir nur im eigenen Kopf festhalten, sind nicht so konkret wie ein schriftlich formuliertes Ziel. Darüber hinaus empfinden wir sie meist als weniger verbindlich, als wenn sie schwarz auf weiß niedergeschrieben stehen. Zuletzt kann es schlichtweg passieren, dass wir vergessen, was wir uns überlegt haben. Nehmen Sie sich also vorab immer die Zeit, um ein Ziel schriftlich aufzuschreiben – im Idealfall nach den SMART-Prinzipien.

Tipp #2: Machen Sie ein Brainstorming
Bevor Sie sich ein Ziel setzen, sollte Ihnen klar sein, was genau Sie wollen und warum. Manche Ziele kommen automatisch und natürlich zu uns. Über andere muss man erst ein wenig nachdenken. Dabei hilft es, sich mindestens eine halbe Stunde Zeit zu nehmen, um ungefiltert alles aufzuschreiben, was einem einfällt.

Vielleicht braucht es letztlich auch zwei oder drei Schreib-Sessions, um ganz sicher zu wissen, was Sie wollen.

Tipp #3: Überlegen Sie sich Etappenziele

Große Ziele können überfordern. Ist das Ziel zu groß, ist es nicht so einfach, wirklich anzufangen und ins Tun zu kommen. Stattdessen fühlen Sie sich möglicherweise regelrecht erschlagen von all den Dingen, die Sie sich vorgenommen haben. Das bedeutet jedoch keinesfalls, dass es nicht sinnvoll ist, sich auch größere Dinge vorzunehmen. In diesem Fall sollten Sie Ihre Ziele jedoch unbedingt in Etappenziele unterteilen. Und klopfen Sie sich selbst ausgiebig auf die Schulter, wenn Sie eines Ihrer Etappenziele erreicht haben. Das wird auch bei Zielen, deren Erreichung in weiter Ferne liegt, dabei helfen, die Motivation auf dem Weg nicht zu verlieren.

Tipp #4: Suchen Sie sich Mitstreiter

Sie wollen fitter werden und regelmäßig laufen gehen? Suchen Sie sich einen Laufpartner! Sie wollen sich gesünder ernähren? Fragen Sie Ihre Partnerin, ob sie Lust hat, gemeinsam ausgewogener zu kochen. Jedes Ziel ist einfacher zu erreichen, wenn wir nicht allein sind. Die Verbindung zu anderen wird Ihnen dabei helfen, Ihr Ziel nicht aus den Augen zu verlieren und den inneren Schweinehund zu überwinden. Bei Wind und Wetter draußen laufen zu gehen, ist nicht immer einfach. Es fällt jedoch deutlich leichter, wenn Sie einen Laufpartner haben, sodass Sie sich gegenseitig motivieren und sich über Durststrecken hinweghelfen.

Tipp #5: Wählen Sie Ziele, die Sie fordern, ohne zu überfordern

Wenn Sie sich weiterentwickeln wollen, dann geht das nur, wenn Sie ab und zu Ihre Komfortzone verlassen. Ihre Ziele sollten also eine gewisse Art von aufgeregtem Kribbeln in Ihnen auslösen. Jedoch sollten sie Sie nicht überfordern. Überforderung führt zu Frust und nicht selten zu vorschnellem Aufgeben. Die größte Motivation spüren wir, wenn wir uns eine Aufgabe gestellt haben, die minimal zu schwer für uns ist. Dann sind wir fokussiert dabei und machen uns daran, die fehlenden Fähigkeiten zu lernen. Gleichzeitig muss die Aufgabe innerhalb der Grenzen des für uns Schaffbaren liegen, da wir uns ansonsten gehemmt und resigniert fühlen.

Tipp #6: Würdigen Sie Ihren Fortschritt!
Vor allem bei Zielen, die komplexer sind, kann es passieren, dass Ihnen zwischenzeitlich Energie und Motivation ausgehen. Umso wichtiger ist es, sich in regelmäßigen Abschnitten selbst auf die Schulter zu klopfen. Nehmen Sie sich die Zeit, um Ihre Fortschritte zu feiern und zu würdigen. Das hilft Ihnen dabei, auch langfristig am Ball zu bleiben und die Motivation nicht zu verlieren.

Wenn Sie diese Tipps befolgen und das SMART-Prinzip beim Formulieren Ihrer Ziele beachten, werden Sie damit sicherlich auf einen guten Weg kommen. Nichtsdestotrotz ist es sinnvoll, immer wieder in einigen Abständen zu evaluieren, wie weit Sie gekommen sind und ob Ihr Ziel Sie noch „zieht". Manchmal kann es auch passieren, dass wir mitten auf dem Weg feststellen, dass uns das Ziel doch nicht mehr interessiert oder es unmöglich zu erreichen ist. Diese Situationen passieren und sind kein Zeichen für Versagen oder Schwäche. Wichtig ist dann, nicht einfach stur weiterzugehen, sondern sich zu überlegen, wie man sich neu aus-richten kann. Selbst wenn Sie ein Ziel nicht erreichen, das Sie sich gesteckt haben: Auf dem Weg gab es sicherlich das eine oder andere, was Sie lernen konnten.

Erfüllte Beziehungen führen

Es gibt vermutlich keinen Menschen, der sich nicht wünscht, eine erfüllte und glückliche Beziehung zu führen. In der Realität hingegen ist es manchmal gar nicht so einfach, diesen Wunsch auch wirklich zu realisieren. Immer mehr Personen, vor allem in Großstädten, fühlen sich einsam oder haben Schwierigkeiten mit den modernen Möglichkeiten des Online-Datings. Einen Partner oder eine Partnerin zu finden, ist außerdem nur der erste Schritt. Die Vorstellung, wir müssten nur den oder die Richtige finden, um endlich glücklich zu werden und für immer auf Wolke 7 zu schweben, ist schlichtweg eine Illusion. Nicht umsonst enden Hollywood-Liebesfilme meist an der Stelle, an der die Protagonisten sich endlich gefunden haben. Die Beziehungsrealität, die in den Monaten und Jahren danach vorherrscht, ist selten glamourös. Tatsächlich hat sie viel zu tun mit innerer Arbeit, dem Umgang mit Trigger-Themen und dem immer neuen Entscheiden füreinander.

Langzeitbeziehungen haben umfangreiche Auswirkungen darauf, wie es um unser Wohlbefinden bestellt ist – im Guten wie im Schlechten. Sie können eine große Bereicherung für unser Lebensglück und eine Quelle der Unterstützung und Geborgenheit sein.

Dennoch gibt es kaum eine Beziehung, die nicht um den einen oder anderen Konflikt kreist. Dass es in Beziehungen nicht immer einfach ist, ist die Regel und nicht die Ausnahme. Einen Beziehungspartner zu finden, ist also nur ein kleiner Teil: Danach gilt es, immer wieder bewusst Zeit, Aufmerksamkeit und auch Arbeit in die Beziehung zu investieren, um sich gemeinsam ein schönes Leben aufzubauen. Dabei sind das Mindset und die innere Einstellung wichtige Faktoren, die Ihnen auf dem Weg zu Ihrem Glück helfen – oder es aber vereiteln können. Worauf kommt es also bei der Partnersuche an? Was macht glückliche Beziehungen aus? Und wie können Sie Ihre innere Einstellung so ausrichten, dass sie Ihnen zu mehr Glück in der Liebe verhilft?

Niemand muss unglücklich allein sein

Auf der Welt leben mittlerweile über 8.000.000.000 Menschen. Allein in Deutschland, Österreich und der Schweiz gibt es etwa 35 Millionen Singles – viele davon auf Partnersuche. Dass der passende Partner also nicht existiert, kann kaum der Grund dafür sein, dass Menschen unglücklich ungebunden sind. Wenn man die Richtige nicht zu finden scheint, liegt der Grund selten darin, dass man ihr einfach nicht über den Weg läuft. Stattdessen gibt es häufig andere, tieferliegende Ursachen:

Selbstwertprobleme: Sich aufs Dating einzulassen, ist oft nicht einfach. Es gibt immer die Möglichkeit, abgelehnt zu werden oder einseitige Zuneigung zu empfinden. Ist es um den Selbstwert schlecht bestellt, können solche Enttäuschungen verständlicherweise nicht gut weggesteckt werden – häufig ein Grund dafür, es irgendwann ganz zu vermeiden, sich verletzlich zu machen.

Unrealistische Erwartungen: Natürlich ist es nicht verkehrt, bestimmte Erwartungen an den Menschen zu haben, mit dem man potenziell sein Leben teilt. Wenn die Erwartungen jedoch so hoch sind, dass kaum jemand sie erfüllen kann, wird es schwer. Vielmehr geht es in einer Partnerschaft auch darum, die menschlichen Schwächen des anderen zu akzeptieren und Raum zu lassen für gemeinsame Weiterentwicklung.

Bindungsängste: Gab es in vergangenen Beziehungen schwierige Situationen oder war die Bindung in der Kindheit an die primären Bezugspersonen schmerzhaft oder konfliktreich, kann es passieren, dass Bindungsängste entstehen. Menschen mit Bindungsängsten spüren teilweise ihre eigene Angst nicht bewusst – es kann dennoch sein, dass sie unbewusst immer wieder beginnende Beziehungen sabotieren oder bei der kleinsten Schwierigkeit sofort Reißaus nehmen.

Manchmal ist auch das Kennenlernen an sich gar kein Problem – stattdessen fehlen die nötigen Fähigkeiten, um im Verlauf der Beziehung weiterhin die Nähe aufrechtzuerhalten. So wäre es denkbar, dass die ersten Konflikte auftauchen, die zwangsläufig zu einer Beziehung dazugehören, es jedoch zu keiner Lösung kommt. Möglicherweise ist einer der Beziehungspartner stur und unnachgiebig oder beide sind eher harmoniesüchtig. Werden Probleme jedoch immer unter den Teppich gekehrt, wird die Beziehung irgendwann starr und unlebendig. Es kann also viele Gründe dafür geben, dass Beziehungen immer wieder scheitern oder gar nicht erst zustande kommen. Tatsächlich hat die innere Einstellung viel mehr damit zu tun, als man das gemeinhin annehmen würde. Viele Menschen neigen dazu, die Gründe für das Scheitern ihrer Beziehungen im Außen zu suchen. Sie haben dann den Eindruck, es würde stets „einfach nicht so passen" oder sie „gerieten immer an die Falschen". In diesem Fall wäre es jedoch zielführend, sich zu fragen, warum man sich zielstrebig immer wieder in Menschen verliebt, die nicht zu einem passen oder die ein bestimmtes dysfunktionales Muster bedienen. Anstatt die Schuld den anderen zuzuschieben, ist es in der Regel hilfreicher, sich die eigenen inneren Dynamiken einmal näher anzusehen und stattdessen in die Selbstreflexion zu gehen.

Growth Mindset in Beziehungen

Erinnern Sie sich an das Konzept des „Growth Mindset" von Carol Dweck? Growth Mindset und Fixed Mindset spielen auch eine wichtige Rolle beim Gelingen unserer Beziehungen.

Jemand, der in einem Fixed Mindset gefangen ist, wird möglicherweise direkt kalte Füße bekommen, wenn deutlich wird, dass der Partner nicht perfekt ist. Mit einem solchen Mindset sind Fehler und Unstimmigkeiten schwer auszuhalten – man geht dann nämlich davon aus, dass sie nicht veränderbar sind und einem für immer das Leben schwer machen könnten.

Wer mit einem Growth Mindset an Beziehungen herangeht, glaubt hingegen daran, dass Veränderung und Wachstum möglich sind. Diese Person ist motivierter, innerhalb von Beziehungen an sich selbst zu arbeiten und auch dem anderen zuzugestehen, sich weiterzuentwickeln. Probleme in einer Beziehung stellen dann keinesfalls einen Trennungsgrund dar. Stattdessen fragt man immer als Erstes: Was könnte man in Zukunft anders machen? Dies nimmt viel Druck aus dem Miteinander, da nicht jeder Makel, jeder Fehler gleich zum Scheitern der Beziehung führt.

Stellen Sie sich vor, in Ihrer Beziehung stellt sich heraus, dass Sie und Ihre Partnerin sich öfter missverstehen. Wäre es nicht vollkommen anders, wenn Sie sagen würden: „Anscheinend verstehen wir uns manchmal nicht. Lass uns gemeinsam daran arbeiten, dass wir uns klarer ausdrücken", anstatt zu sagen: „Wir können einfach nicht miteinander kommunizieren!"?

Oft ist es auch so, dass wir in verschiedenen Lebensbereichen unterschiedlich aufgestellt sind, was das Mindset angeht. So könnte es sein, dass es für Sie im Arbeitskontext vollkommen selbstverständlich ist, dass Sie Fehler machen und aus diesen dann lernen. In Ihren Beziehungen hingegen muss alles auf Anhieb klappen, da Sie ansonsten der Mut verlässt. Solch verschiedene Einstellungen gehen häufig auf frühere Erfahrungen zurück. Es könnte sich um Glaubenssätze handeln, die Sie aus der Kindheit oder aus vergangenen Beziehungen mitgenommen haben. Auf jeden Fall ist es sinnvoll, Ihr Mindset bezüglich Ihrer Beziehungen auf den Prüfstand zu stellen: Wie gehen Sie damit um, wenn nicht alles nach Plan läuft? Beenden Sie Ihre Beziehungen schnell oder ziehen Sie sich zurück, wenn Sie feststellen, dass Ihr Gegenüber nicht perfekt ist? Können Sie damit umgehen, wenn die erste Phase der großen Verliebtheit vorbei ist – oder sehen Sie diesen normalen Vorgang in Langzeitbeziehungen direkt als Zeichen, dass die Liebe fehlt?

Fakt ist: Beziehungen sind ständig in Veränderung. Dies betrifft sowohl die persönliche Entwicklung der einzelnen Beziehungspartner als auch äußere Faktoren. Darüber hinaus besitzt jede Beziehungsgeschichte verschiedene Phasen – die erste Verliebtheit weicht irgendwann im Idealfall einer tiefen, vertrauensvollen Liebe. Damit die Beziehung auf Dauer funktioniert, gilt es also, sich flexibel immer wieder auf diese neuen Gegebenheiten einzustellen. Ein Growth Mindset ist dafür beinahe unabdingbar! Sätze wie: „Ich bin eben einfach schlecht im Bett!", oder: „Ich kann meine Gefühle einfach nicht ausdrücken!", sind hingegen Anzeichen für ein Fixed Mindset. Tatsächlich gehen die meisten Beziehungen nicht deshalb auseinander, weil die Beziehungspartner nicht zusammenpassen – sondern vielmehr, weil die notwendige Entwicklung, Veränderung und Flexibilität, die mit einer langjährigen, tiefen Beziehung einhergeht, aus unterschiedlichen Gründen nicht gelingen mag.

7 Anzeichen einer glücklichen Beziehung

Ist die Liebe einmal entfacht, gilt es, sie immer wieder zu hegen und zu pflegen – wie eine kleine Pflanze, aus der mit der Zeit ein großer, starker Baum werden kann. Woran können Sie also erkennen, dass Sie eine glückliche Beziehung führen? Und welche Maßnahmen lassen sich ergreifen, um den Baum über die Jahre wachsen zu lassen?

#1: Sie gehen wohlwollend mit sich selbst um

Moment mal, denken Sie jetzt vielleicht – es geht doch darum, wie ich gute Beziehungen führe? Tatsächlich ist die Beziehung, die wir zu uns selbst haben, die Basis aller Beziehungen, die wir mit anderen führen. Vielleicht kennen Sie den Spruch: „Man muss sich erst selbst lieben, um jemand anderes lieben zu können!" So ganz stimmt das nicht – es ist keinesfalls unmöglich, sich selbst abzulehnen und dafür den Partner oder die Partnerin umso mehr zu lieben. Wenn wir in unserer Kindheit wenig Liebe empfangen haben, lernen wir möglicherweise erst in unseren Liebesbeziehungen, uns selbst voll und ganz anzunehmen – durch die Zuneigung, die wir von außen geschenkt bekommen. Dennoch kann es eine Beziehung ziemlich belasten, wenn Sie mit sich selbst auf Kriegsfuß stehen. Dann kommt es nämlich möglicherweise vor, dass Sie ständig Bestätigung von außen brauchen oder sich allzu schnell abgelehnt fühlen. Vielleicht fällt es Ihnen dann auch schwer, wohlgemeinte Worte und liebe Gesten wirklich anzunehmen – sie suchen immer nach einem Haken oder danach, dass Ihre Beziehungsperson es eigentlich gar nicht so meint.

Eine gesunde Beziehung besteht ohne Abhängigkeit. Es ist nicht die Aufgabe Ihrer Beziehungsperson, Sie in allem zu bestätigen und andauernd Ihren Selbstwert aufzubauen. Das ist Ihre Aufgabe. Kümmern Sie sich also zuerst um sich selbst und darum, dass Sie selbst gern Zeit mit sich verbringen. Umso leichter fällt es Ihnen, zu glauben, dass auch andere das gern tun.

#2: Sie nehmen Ihre Bedürfnisse ernst

Geht es Ihnen manchmal so, dass es Ihnen schwerfällt, Ihre Bedürfnisse zu äußern, weil Sie sich dadurch egoistisch oder selbstbezogen fühlen? Das Gefühl haben tatsächlich viele Menschen. Häufig hat es seinen Ursprung in der Kindheit. Wenn unsere frühen Bezugspersonen nicht das Einfühlungsvermögen oder die Motivation hatten, unsere kindlichen Bedürfnisse zu befriedigen, lernen wir schnell, dass es besser ist, diese gar nicht erst zu äußern. Bei manchen Personen geht dieses Thema sogar so tief, dass sie selbst als Erwachsene gar nicht in der Lage sind, ihre eigenen Bedürfnisse zu spüren. Mehr noch: Vielleicht nehmen sie ihre Bedürfnisse sogar als überfordernd wahr – und suchen sich unbewusst Beziehungspersonen aus, bei denen die eigenen Bedürfnisse ebenfalls keinen Platz haben. Oder aber, sie sagen nicht, was sie sich wünschen, aus Angst, die Beziehung damit zu überfrachten.

In einer gesunden Beziehung sollten jedoch die Bedürfnisse beider Beziehungspartner eine Rolle spielen. Es geht nicht darum, den anderen krampfhaft bei sich zu behalten, indem man die eigenen Bedürfnisse unterdrückt. Auch wenn Sie mit jemandem zusammen sind, der Ihre Bedürfnisse kleinredet oder als lächerlich abtut, sollten Sie hellhörig werden. Vielmehr macht es eine glückliche Beziehung aus, dass beide Partner frei äußern können, was sie sich wünschen – und der jeweils andere diese Wünsche ernst nimmt.

#3: Sie sprechen über Träume und Erwartungen

Je nachdem, wie wir in unseren Beziehungen geprägt wurden, können sich die Erwartungen, die wir an eine Beziehung haben, ziemlich stark unterscheiden. Wenn man nun die eigenen Erwartungen und Wünsche nicht äußert und auch die seiner Partnerin gar nicht kennt, sind Missverständnisse vorprogrammiert. Manchmal trauen wir uns auch nicht, unsere Erwartungen klar zu äußern, aus Angst, den anderen zu verschrecken. Dabei riskieren wir jedoch, in unseren (unklar oder gar nicht kommunizierten) Erwartungen immer wieder enttäuscht zu werden, was die Beziehung auf Dauer noch viel mehr belasten kann. Lernen Sie also, einen Raum zu schaffen, in dem frei und offenherzig über die Wünsche und Vorstellungen gesprochen werden kann, die Sie jeweils an Ihre Beziehung haben. Umso schöner wird es sein, wenn Sie anschließend genau wissen, was Ihr Partner sich von Ihnen wünscht und wie Sie es ihm geben können.

#4: Sie laden Veränderungen in Ihr Leben ein, statt einander zu manipulieren

Tatsächlich ist Manipulation in vielen Beziehungen an der Tagesordnung. Diese findet häufig unbewusst, manchmal aber auch vollkommen bewusst statt. Manipulation in Beziehungen bezieht sich auf den Gebrauch von Taktiken oder Techniken, um das Verhalten, die Gedanken oder die Gefühle des anderen Partners zu beeinflussen, oft zum Vorteil des manipulierenden Individuums und zum Nachteil des anderen. Manipulative Partner streben beispielsweise nach Macht und Kontrolle über den anderen, indem sie Entscheidungen treffen, die normalerweise gemeinsam getroffen werden sollten, oder indem sie den anderen Partner dominieren und einschränken. Auch Gaslighting kommt vor: Dies beinhaltet das Verleugnen oder Infragestellen der Realität des Partners, um ihn zu verwirren oder zu destabilisieren. Nicht immer ist die Manipulation bewusst bösartig. Viel öfter entsteht sie aus einer eigenen Unsicherheit oder mangelnden kommunikativen Fähigkeiten heraus. So wäre es beispielsweise denkbar, dass Ihre Partnerin nicht in der Lage ist, klar auszudrücken, was sie möchte, und sie Sie stattdessen durch emotionalen Druck dazu zu bringen versucht, ihre Wünsche zu erfüllen. Auch dies ist eine Form der Manipulation.

In einer glücklichen Beziehung sollte Manipulation jedoch nicht notwendig sein. Stattdessen nehmen Sie hier beide die Rolle gleichgestellter Partner ein, die den anderen zu nichts drängen oder zwingen müssen. Sie können beispielsweise versuchen, den anderen argumentativ von Ihrem Standpunkt zu überzeugen oder dazu einladen, einmal die Sichtweise zu ändern. Manipulation erzeugt häufig ein angespanntes Klima von Druck und Ängsten. Indem Sie sich gegenseitig respektieren und in Ihren Meinungen wertschätzen, erschaffen Sie hingegen eine Beziehung, die von Offenheit und Transparenz geprägt ist.

#5: Es herrscht Vertrauen zwischen Ihnen

Dieser Aspekt ist eng mit dem vorangegangenen verbunden. Manipulation erzeugt Misstrauen. Eine glückliche Beziehung ist hingegen von dem tiefen Vertrauen ineinander geprägt: Sie wissen, dass Sie sich aufeinander verlassen können, und spüren, dass Sie stets das Beste für den anderen wollen. Sie haben keine Zweifel daran, dass Sie ehrlich zueinander sind und stets offen miteinander umgehen.

#6: Sie erleben schöne gemeinsame Momente

Früher dachte man, eine erfüllende Beziehung zeichnet sich hauptsächlich dadurch aus, dass man miteinander gut Konflikte lösen kann. Sicherlich ist das ein wichtiger Aspekt. Fehlt die Konfliktlösekompetenz, wird man sich immer wieder um die gleichen Dinge streiten. Noch bedeutender ist es jedoch, dass Sie sich gemeinsam schöne Momente schaffen. Dass Sie auch im stressigen Alltag Zeit miteinander verbringen und erfüllende Augenblicke sammeln, von denen Sie in schwierigen Zeiten zehren können. Dass Sie zusammen lachen und einfach eine gute Zeit verbringen. Dabei muss es nicht immer etwas Aufregendes sein: Ein gemeinsamer

Filmabend oder ein leckeres Abendessen zu zweit schafft ebenso Verbindung.

#7: Sie haben gemeinsame Ziele

Wenn man länger zusammen ist, dann entsteht meist der Wunsch, die Beziehung auf die „nächste Ebene" zu bringen. Was das bedeutet, kann sehr unterschiedlich sein. Für den einen kann es heißen, zusammenzuziehen, Kinder zu bekommen oder zu heiraten. Oft hat es etwas damit zu tun, mehr Verbindlichkeit miteinander einzugehen. Dabei ist es wichtig, dass man grundsätzlich in dieselbe Richtung schaut und ähnliche Dinge für das gemeinsame Leben möchte. Gemeinsame Ziele können unglaublich motivierend sein und Ihnen dabei helfen, auch in schwierigen Phasen den Mut nicht zu verlieren. Sie schweißen Paare zusammen und sorgen dafür, dass mehr Verbindlichkeit entsteht. Fehlen solche Ziele hingegen, fehlt der Beziehung manchmal auch die Perspektive. Früher oder später kann die Beziehung daran scheitern. Umso wichtiger ist es daher, immer wieder darüber zu reden, was man gemeinsam erreichen und schaffen möchte – und von Zeit zu Zeit abzugleichen, ob man noch das Gleiche möchte.

Insgesamt hat eine glückliche und tragfähige Beziehung das Potenzial, Ihrem Leben viel Zufriedenheit und Lebensfreude zu schenken. Sie zeichnet sich dadurch aus, dass die Beziehungspartner sowohl sich selbst als auch einander mit Respekt begegnen und ihre Wünsche und Vorstellungen offen kommunizieren können. Die Beziehung beruht auf Vertrauen und Wohlwollen – statt manipulativ zu agieren, werden Wünsche geäußert. Beide Beziehungspartner sind gleichberechtigt und haben ähnliche Ziele und Vorstellungen bezüglich der Zukunft.

5 Aspekte von Mindset in Beziehungen

Beziehungen sind komplex. So besteht auch das Mindset, das Ihnen dabei helfen wird, gute Beziehungen zu führen, aus verschiedenen Aspekten.

1. Ihr Umgang mit Grenzen. Können Sie Ihre eigenen Grenzen spüren und wahren? Akzeptieren Sie die Grenzen Ihrer Mitmenschen? Wie fühlen Sie sich, wenn jemand anderes Ihnen gegenüber Grenzen setzt?

2. Wie stehen Sie zu sich selbst? Wie ist es um Ihren Selbstwert bestellt? Haben Sie Vertrauen in Ihre Fähigkeiten als Beziehungspartner? Haben Sie die Gewissheit, ein liebenswerter Mensch zu sein, mit dem andere gern Zeit verbringen?

3. Welche Glaubenssätze haben Sie über Beziehungen? Müssen Beziehungen immer schwer und anstrengend sein? Sind – Ihrer Meinung nach – Schwierigkeiten in der Beziehung ein Anzeichen dafür, dass sie zum Scheitern verurteilt ist? Können Sie auch einmal Konflikte aushalten?

4. Wie ist Ihr Bild von anderen? Wollen andere Menschen Ihnen eher Gutes oder Böses? Gehen Sie davon aus, dass die anderen Ihnen grundsätzlich eher wohlgesonnen sind? Welche Motive und Absichten unterstellen Sie Ihren Mitmenschen unbewusst auf Basis vorheriger Erfahrungen und Glaubenssätze?

5. Wie sind Sie in Kontakt? Fühlen Sie sich verbunden oder isoliert? Fällt es Ihnen leicht, auf andere zuzugehen und Beziehungen aufzubauen? Können Sie sich offen und authentisch zeigen – so wie Sie sind?

5 Übungen, um das Mindset in Beziehungen zu verbessern

Die eben genannten 5 Aspekte beeinflussen zu einem großen Teil, wie es um Ihr Mindset in Ihren Beziehungen bestellt ist. Sie haben viel damit zu tun, was Sie über sich, andere und die Welt unbewusst denken – mit Ihren Glaubenssätzen und Überzeugungen. Nun kommt die spannendste Frage: Was kann man also tun, um das Mindset in Bezug auf Beziehungen zum Positiven zu verändern?

1. Praktizieren Sie Dankbarkeit

Oft nehmen wir Dinge, derer wir uns scheinbar sicher sind, als selbstverständlich hin. So ist es häufig auch in Beziehungen. Vor allem in Langzeitbeziehungen kann irgendwann der Punkt kommen, an dem die Wertschätzung verloren geht. Wir sehen dann nur noch die Schwächen und Fehler unserer Beziehungsperson – nicht jedoch all die wunderbaren und positiven Dinge, die er oder sie in unser Leben bringt. Ständiges Nörgeln und Herumkritteln können eine negative Folge sein. Dies wiederum führt dazu, dass unser Partner oder unsere Partnerin sich nicht mehr wertgeschätzt und geliebt fühlt. Ein positives Gegengewicht können Sie setzen, indem Sie sich regelmäßig Gedanken darüber machen, wofür Sie dankbar sind und was Sie am anderen schätzen. Dabei geht es nicht darum, Fehler oder Fehltritte zu verleugnen. Gewöhnen Sie sich vielmehr an, die Dinge zu schätzen, die bereits da sind – und dies auch immer wieder auszudrücken. Nehmen Sie nichts als selbstverständlich hin, sondern sagen Sie „danke", wenn Ihre Partnerin oder Ihr Partner etwas für Sie getan hat:

- Danke, dass du mir Blumen mitgebracht hast.
- Danke, dass du mich zum Lachen bringst.
- Danke, dass du mir immer wieder deine Liebe zeigst.

- Danke, dass du für uns gekocht hast.
- Danke, dass du da bist.

Sie werden merken – nicht nur werden Sie selbst zufriedener in Ihrer Beziehung sein, auch das Miteinander wird dadurch wertschätzender und schöner.

2. Lernen Sie, aktiv zuzuhören

Viele Konflikte in Beziehungen entstehen nicht, weil man einander etwas Böses will, sondern aufgrund von Missverständnissen. Missverständnisse wiederum passieren hauptsächlich, weil man einander nicht richtig zuhört oder zu abgelenkt ist, um einander wirklich zu verstehen. Oft ist es so, dass durch empathisches und aktives Zuhören automatisch wieder eine tiefe Verbindung entsteht. Aus der Verbindung heraus ist es wiederum deutlich einfacher, einander zu verstehen und mögliche Konflikte zu lösen. Üben Sie daher, Ihrem Gegenüber *wirklich* zuzuhören.

Aktives Zuhören bedeutet, dass Sie sich voll und ganz Ihrem Gegenüber widmen. Sie konzentrieren sich auf nichts anderes – das Smartphone wird zur Seite gelegt und auch der Fernseher sollte nicht nebenbei laufen. Aktives Zuhören heißt auch, dass Sie nicht, während Ihr Gegenüber spricht, bereits darüber nachdenken, was Sie möglicherweise erwidern könnten. Lernen Sie zuzuhören, ohne nebenbei über sich selbst nachzudenken. Fühlen Sie sich in Ihr Gegenüber ein und zeigen Sie durch eine zugewandte Körperhaltung, dass Sie anwesend und präsent sind. Sie werden merken – allein dadurch wird in Ihrer Beziehung mehr Offenheit und Verbundenheit entstehen. Geben Sie die Worte Ihres Gegenübers in eigenen Worten wieder – in der Psychologie nennt man das Paraphrasieren –, um sicherzugehen, dass Sie richtig verstanden haben. Versuchen Sie, auch zwischen den Zeilen zu lesen und möglicherweise tieferliegende Botschaften zu verstehen. Drücken Sie Ihre Vermutungen und Hypothesen aus. Sie werden Ihrem Gegenüber dadurch nicht nur Ihre Aufmerksamkeit schenken, sondern möglicherweise auch ein wertvolles Feedback oder einen neuen Denkanstoß, über den er oder sie noch nie nachgedacht hat.

3. Teilen Sie Ihre Begeisterung!

Wir alle kennen jene Menschen, die immer nur meckern und an allem etwas auszusetzen haben. Manchmal bekommt man den Eindruck, dass es für diese Personen nötig ist, sich aufzuregen – um mehr zu fühlen oder um irgendetwas zu kompensieren. Oftmals ist es auch einfach eine Gewohnheit, sich zunächst über das zu beklagen, was im Leben nicht so gut läuft. Wenn auch Sie sich jetzt dabei erwischt haben, dass Sie sich oft über Dinge beklagen, die sich möglicherweise gar nicht ändern lassen, ist das kein Problem. Wenn diese Angewohnheit Ihnen etwas bringt, dann machen Sie weiter damit. Vergessen Sie jedoch nicht, auch ein positives Gegengewicht zu setzen. Machen Sie sich immer wieder bewusst, was die Dinge sind, für die Sie brennen. Was begeistert Sie? Womit könnten Sie sich ewig beschäftigen? Teilen Sie diese Dinge auch mit Ihren Lieblingsmenschen. Erlauben Sie sich, dabei so ausgelassen und überschwänglich zu sein, wie Sie sich fühlen. Halten Sie nichts zurück. Haben Sie keine Angst, als seltsam oder übertrieben abgestempelt zu werden. Viel wahrscheinlicher ist es, dass Ihre Begeisterung überspringen wird und Sie dadurch neue, positive Impulse und frischen Wind in Ihre Beziehungen bringen. Ein weiterer Pluspunkt: Sie werden sicherlich nicht als schlecht gelaunter Miesepeter wahrgenommen werden.

4. Pflegen Sie Selbstliebe und Selbstfürsorge

Wenn Sie mit sich selbst gut umgehen, dann wird auch Ihre Beziehung davon profitieren. Indem Sie sich selbst gut um sich kümmern und darauf achten, dass es Ihnen gut geht, muss sich Ihr Partner nicht dafür verantwortlich fühlen, diese Dinge für Sie zu übernehmen. Das wiederum nimmt der Beziehung Druck und schenkt Ihnen beiden mehr Leichtigkeit und Entspannung. Darüber hinaus hilft Selbstfürsorge dabei, gesunde Grenzen zu setzen. Wenn jeder Partner sich um seine eigenen Bedürfnisse kümmert, ist es einfacher, klar zu kommunizieren, was man braucht. So wiederum kann man sicherstellen, dass die jeweiligen Bedürfnisse respektiert werden, ohne sich gegenseitig zu überlasten.

Um im Alltag Selbstfürsorge zu praktizieren, müssen Sie keinen riesigen Aufwand betreiben. Viel wirksamer sind kleine, aber regelmäßige Handlungen, die Sie in Ihre Routinen einbauen:

Üben Sie Achtsamkeit und lernen Sie, sich immer wieder in den Moment zurückzuholen. Schaffen Sie sich kleine Inseln im Alltag, in denen Sie ganz bei sich ankommen können.

Ernähren Sie sich gesund. Wählen Sie Lebensmittel, die Ihren Körper mit allem versorgen, was er braucht.

Bewegen Sie sich und treiben Sie moderaten Sport. Bedanken Sie sich regelmäßig bei Ihrem Körper für das, was er leistet.

Achten Sie darauf, jede Nacht mindestens sieben Stunden zu schlafen. Sorgen Sie dafür, dass Sie eine Schlafumgebung haben, in der Sie sich wohlfühlen und zur Ruhe kommen können.

Pflegen Sie Ihre Hobbys und treffen Sie sich regelmäßig mit Ihren Freunden. Nehmen Sie sich Zeit, um Ihre Beziehungen zu stärken und aufzubauen.

Lernen Sie, wohlwollend mit sich zu reden und umzugehen – Stichwort positive Selbstgespräche. Je mehr Sie sich um sich selbst kümmern und je ausgeglichener Sie sind, umso besser können Sie auch mit den Fehlern und Marotten Ihrer Partnerin umgehen.

5. Nutzen Sie positive Affirmationen

Positive Affirmationen helfen nicht nur dabei, sich selbst gegenüber positiver eingestellt zu sein – sie können auch ein wertvolles Tool sein, um Ihre Beziehungen zu verbessern. Reflektieren Sie selbstkritisch, wo Ihre Hauptschwierigkeiten in Beziehungen liegen: Eifersucht? Schlechtes Selbstwertgefühl? Sturheit? Beziehungsängste? Nutzen Sie die Tools, die Sie bereits gelernt haben, um Ihre negativen Glaubenssätze in Bezug auf Beziehungen aufzuspüren. Formulieren Sie Ihre Glaubenssätze so um, dass daraus positive Affirmationen werden.

„Liebe ist gefährlich." → „Ich öffne mein Herz für Nähe und Verbundenheit."

„So wie ich bin, bin ich nicht liebenswert." → „Ich bin würdig und verdiene Liebe."

„Wenn ich mich verletzlich zeige, wird das von anderen ausgenutzt." → „Ich bin bereit, mich zu öffnen und verwundbar zu sein."

Notieren Sie die Affirmationen, die Sie auf diese Weise entwickeln, und sagen Sie sich diese immer wieder im Alltag. Tun Sie dies mindestens dreimal täglich – mit der Zeit wird Ihre Einstellung sich verändern.

Growth Mindset im Arbeitsalltag und Beruf

Das Mindset wirkt sich auf alle Lebensbereiche aus – natürlich auch auf die Arbeit. Eine positive und auf Wachstum ausgerichtete innere Einstellung trägt dazu bei, dass es Ihnen besser gelingt, Ihre beruflichen Ziele zu verwirklichen und mit möglichen Rückschlägen produktiv umzugehen.

Kennen Sie diese Menschen, bei denen es in allen Lebensbereichen wunderbar zu laufen scheint: Sie sind erfolgreich im Job, verdienen gutes Geld, scheinen immer motiviert und gut gelaunt zu sein – das Privatleben ist eine Quelle der Lebensfreude und Liebe und noch dazu schaffen sie es, regelmäßig Sport zu treiben und sich fit zu halten? Sicherlich muss man sich bewusstmachen, dass manchmal nicht alles Gold ist, was glänzt. Bloß weil das Leben dieser Menschen von außen betrachtet nahezu perfekt zu sein scheint, heißt das noch lange nicht, dass es auch so ist. Vermutlich gibt es auch hier die eine oder andere „Leiche im Keller". Darüber hinaus ist es aber dennoch so, dass Erfolg zum Großteil im Kopf beginnt. Die richtige Einstellung wird Ihnen dabei helfen, sich im Arbeitsleben mehr zu verwirklichen, zufriedener zu werden und die eigenen Ziele strukturiert zu verfolgen. Mit einem Growth Mindset werden Sie nicht daran verzweifeln, wenn einmal etwas nicht funktioniert, und stattdessen offenen Blickes nach Alternativen Ausschau halten. Rückschläge werden kein Grund mehr sein, die Flinte ins Korn zu werfen, sondern Ihnen stattdessen aufzeigen, an welchen Stellschrauben Sie noch drehen sollten.

Erfolgreiche Menschen sind nicht immer zwangsläufig die talentiertesten Überflieger. Es sind auch nicht jene, die von vornherein mit großem Startkapital oder reichen Eltern gesegnet sind. Viel öfter handelt es sich um Persönlichkeiten, die gelernt haben, ihre Ziele mit Optimismus, Willenskraft und Disziplin zu verfolgen.

Woran erkennt man ein Growth Mindset im Beruf?

Erinnern Sie sich an das Growth Mindset von Carol Dweck, dem wir in diesem Buch schon öfter begegnet sind. Auch im beruflichen Kontext tritt diese Denkweise auf. Sie zeichnet sich durch 5 Merkmale aus, die Ihnen bei der Umsetzung Ihrer beruflichen Ziele und Pläne helfen können.

1. Sie wissen, dass Erfolg nicht vom Himmel fällt. Vielmehr sind Sie sich bewusst, dass Sie stetig wachsen und sich weiterentwickeln können und sollten, um Ihre Ziele zu erreichen.
2. Ihnen ist klar, dass Ihnen Talent allein nicht zum Erfolg verhelfen wird. Viel wichtiger ist es, sich persönlich immer wieder zu engagieren und langfristig am Ball zu bleiben.
3. Wer sich weiterentwickeln möchte, der wird auch Fehler machen. Nicht alles, was Sie beginnen, wird gelingen. Weil Sie dies wissen, haben Sie keine Angst davor, etwas Neues auszuprobieren und möglicherweise damit zu scheitern.
4. Feedback und Kritik sind willkommen. Diese Dinge helfen Ihnen dabei, sich weiterzuentwickeln und zu wachsen.

5. Sie trainieren Ihre Disziplin, um langfristig etwas dafür zu tun, dass Ihre Ziele Wirklichkeit werden. Ihnen ist klar, dass nicht Glück und gute Fügung, sondern Arbeit und Motivation Ihnen zum Erfolg verhelfen.

Ein Growth Mindset ist unabdingbar, wenn Sie beruflich neue Wege gehen wollen und zum Beispiel eine Selbstständigkeit oder ein Unternehmen aufbauen. Es wird Ihnen dabei helfen, auch mit Rückschlägen – die unweigerlich dazugehören – lösungsorientiert umzugehen. Da Sie wissen, dass Sie viele Fähigkeiten, die nötig sind, entwickeln und ausbauen können, sind Sie außerdem motivierter, an sich zu arbeiten und neue Dinge zu lernen. Dies treibt Sie dazu an, immer wieder über sich hinauszuwachsen. Wenn Sie ein Team oder zumindest sich selbst leiten, werden Sie mit einem Growth Mindset kreativere Lösungen finden, da Sie „outside the box" denken. Probleme sind dann keine unabänderlichen Gegebenheiten, sondern Hürden, die es durch Flexibilität und neue Ideen zu überwinden gilt. Dadurch, dass Sie feststellen, wie Sie Probleme und Schwierigkeiten immer wieder überwinden, wird Ihr Selbstvertrauen steigen. Das, was Sie erreichen, haben Sie nicht durch Glück geschafft, sondern durch kontinuierliche Arbeit und Weiterentwicklung. Talente sind angeboren – Problemlösekompetenz hingegen ist gelernt.

Stellen Sie sich vor, Sie gehen zu einem Bewerbungsgespräch für eine Stelle, die Sie sich wirklich gut für sich vorstellen können – werden jedoch abgelehnt. Nun können Sie entweder darüber unglücklich sein, sich als unfähig erleben und den Traum direkt begraben. Oder aber Sie bitten – im Sinne des Growth Mindset – um Feedback und fragen, warum Sie die Stelle nicht bekommen haben. Dieses Feedback verstehen Sie nicht als Kritik, sondern als wertvolle Information darüber, woran Sie in Zukunft noch arbeiten können. Der eine Misserfolg beim Bewerbungsgespräch wird auf diese Weise nicht zu einer lebensbestimmenden Weiche, die dazu noch beeinträchtigt, wie kompetent und fähig Sie sich fühlen. Stattdessen handelt es sich nur um einen kleinen Schritt auf Ihrem Weg, um eine Stufe auf der Karriereleiter, für die Sie vielleicht etwas mehr tun müssen, um sie zu erklimmen.

Doch wie gelingt es, im Berufskontext solch ein Growth Mindset zu entwickeln? Wo können Sie ansetzen, wenn Sie feststellen, dass Sie noch allzu häufig den Mut verlieren und sich eher in einem Fixed Mindset festgefahren haben?

10 Tipps für ein Growth Mindset im Beruf

Der erste Schritt, um das Mindset zu verändern, ist immer, in die Reflexion zu gehen und einmal bewusst hinzuschauen, wie es um Ihre Glaubenssätze bestellt ist.

→ Fühlen Sie sich in Ihrem Bereich kompetent und selbstbewusst?

→ Wie gehen Sie damit um, wenn Sie einen Fehler machen? Können Sie sich Ihre eigenen Fehler und Schwächen gut verzeihen?

→ Sind Sie motiviert, sich weiterzuentwickeln? Wenn nein – was sind die inneren Überzeugungen und Glaubenssätze, die Sie hemmen und behindern?

Nutzen Sie auch die Übungen zur Erkennung mentaler Muster, um Ihren Glaubenssätzen auf die Spur zu kommen und auf diese Weise Ihre inneren Einstellungen auszuformulieren. Auf diese Weise stellen Sie fest, ob es hemmende Muster und Sätze gibt, die Ihnen im Weg stehen.

Erinnern Sie sich an den Softwareentwickler Maik? Maik hatte den Glaubenssatz, dass seine Arbeit minderwertig ist, weil er kein

Studium vorweisen konnte. In dieser Hinsicht war er in einem Fixed Mindset gefangen:

„Das Studium ist etwas, was man hat oder nicht." → „Nur mit einem Studium bin ich kompetent." → „Da ich kein Studium habe, werde ich immer inkompetent sein."

Dass es in dieser Hinsicht eine ganze Menge Graubereiche gibt, das sieht Maik nicht. Zum einen könnte er, sobald er seine Glaubenssätze erkannt hat, hinterfragen, ob sie wirklich ihre Berechtigung haben. Für den Fall, dass er nach eingehender Prüfung davon ausgeht, dass ihm wirklich Bildung fehlt, gibt es immer noch die Möglichkeit, aktiv etwas daran zu ändern, beispielsweise durch ein berufsbegleitendes Fernstudium oder durch Weiterbildungen. Vielleicht würde er auf diese Weise aber auch feststellen, dass er keinesfalls weniger kompetent als seine Kolleginnen ist. In diesem Fall wäre es gut, wenn er aktiv an seinem Mindset arbeiten würde. Das gelingt mit den folgenden 10 Tipps.

Tipp #1: Erlauben Sie sich zu träumen
Die meisten von uns haben als Kinder viele Träume. Wir stellen uns vor, dass wir später einmal ins All fliegen, den Mount Everest besteigen oder in einem Haus voll mit Haustieren leben. Wie realistisch diese Träume sind, das ist den meisten Kindern egal. Natürlich ist es tatsächlich so, dass nicht jeder Kindheitstraum realistischerweise ausgelebt werden kann. Aber dennoch — ist es nicht schade, dass wir uns im Erwachsenenalter das Träumen so häufig verbieten? Träume können Visionen für uns sein, anhand derer wir unser Leben ausrichten. Sie bieten uns Inspiration, motivieren uns und verleihen dem Leben Magie. Vor allem, wenn wir sie über viele Jahre und Jahrzehnte in uns tragen, kann es gut sein, dass sie eines Tages Wirklichkeit werden — so, wie wir es uns vorgestellt haben, oder auf anderen, verschlungenen Pfaden, an die wir niemals gedacht hätten. Berufliche Träume helfen uns dabei,

vom „Müssen" zum „Wollen" zu kommen. Wenn Sie Ihre Träume verfolgen, dann werden Sie weniger das Gefühl haben, Ihr Leben nur abzuarbeiten oder „im Hamsterrad" zu schuften. Stattdessen arbeiten Sie aktiv an den Dingen, die Ihnen wichtig sind – das wiederum motiviert Sie dazu, auch in schwierigen Phasen durchzuhalten und weiterzumachen.

Tipp #2: Rufen Sie sich Ihr „Warum" vor Augen
Jedes Ziel, jeder Wunsch hat einen tieferliegenden Grund. Sie möchten beruflich erfolgreich werden, weil Ihnen Wohlstand ein Gefühl von Sicherheit gibt? Sie möchten sich selbstständig machen, um endlich frei und autonom arbeiten zu können, ohne jemand anderem unterstellt zu sein? Sie haben den Traum, mit 40 noch einmal Kunst zu studieren, um endlich Ihre lebenslange Leidenschaft ausleben zu können? Machen Sie sich Ihr „Warum" bewusst. Rufen Sie es sich regelmäßig vor Augen, ganz besonders dann, wenn es einmal schwierig wird:

→ Finden Sie ein Bild, was Sie an Ihren Traum erinnert, und hängen Sie es sich irgendwo gut sichtbar auf.

→ Schreiben Sie sich Ihren Traum in Ihr Journal und holen Sie diese Beschreibung zwischendurch immer wieder hervor, um Ihre Ideen wieder lebendig zu machen. Fügen Sie etwas hinzu, wenn Ihnen neue Aspekte einfallen, an die Sie vorher nicht gedacht haben.

→ Praktizieren Sie eine Visualisierungsübung, bei der Sie sich ganz genau vorstellen, wie es sein wird, wenn Sie Ihr Ziel erreicht haben.

Wenn Sie Ihr „Warum" kennen und sich öfter darauf fokussieren, dann wird sich Ihr Mindset ganz automatisch in diese Richtung hinentwickeln.

Tipp #3: Stellen Sie sich Ihren Herausforderungen!

Oft sind es genau die Dinge, die uns Angst machen, durch die wir uns am meisten weiterentwickeln können. Je öfter wir uns Hindernissen stellen und erleben, wie wir Möglichkeiten finden, sie zu überwinden, umso selbstbewusster werden wir auch. Weil etwas in der Vergangenheit schiefgegangen ist, muss das noch lange nicht heißen, dass diese Erfahrung sich auch wiederholt. Stellen Sie sich Ihren Ängsten und Herausforderungen – immer wieder. Sie werden sehen, dass Sie langfristig daran wachsen können – ebenso wie Ihr Growth Mindset, wenn Sie begreifen, dass Entwicklung möglich ist.

Tipp #4: Finden Sie Idole

Wenn Sie ein bestimmtes Ziel haben, dann finden Sie Menschen, die dieses Ziel bereits erreicht haben. Das können Personen aus Ihrem eigenen sozialen Umfeld sein, ebenso wie medial bekannte Menschen, Influencer oder erfolgreiche Unternehmer. Tipp: Wenn Sie jemandem gegenüber Neid verspüren, dann schauen Sie genau hin. Oft ist der Neid ein Hinweis darauf, dass Sie diese Person eigentlich für etwas bewundern, was (scheinbar) noch außerhalb Ihrer eigenen Reichweite liegt. Anstatt sich schlecht zu fühlen oder abzuwerten, fragen Sie sich lieber, wie diese Person ihr Ziel erreicht hat – und was Sie von ihr lernen können. Lassen Sie sich inspirieren und finden Sie heraus, wie diese Menschen das scheinbar Unmögliche geschafft haben. Wenn es jemand anderes bereits vor Ihnen getan hat, heißt das, dass es möglich ist.

Tipp #5: Machen Sie die Dinge mit Leidenschaft

Wann sind Sie das letzte Mal morgens aus dem Bett gesprungen, aufgeregt wie ein kleines Kind, weil Sie sich auf die Arbeit gefreut haben? Noch nie? Das geht leider vielen Menschen so. Doch wenn Sie nicht wirklich mit Leidenschaft bei der Sache sind, wie sollen Sie dann immer wieder Inspiration und neue Kraft finden? Wie können Sie von sich erwarten, dass Sie Tag für Tag Ihre

Arbeitskraft für ein Projekt geben, von dem Sie nur halbherzig begeistert sind? Auf der anderen Seite: Wenn Sie Dinge tun, für die Sie eine Leidenschaft haben, wird die Motivation ganz von selbst kommen. Natürlich wird es trotzdem passieren, dass Sie an manchen Tagen keine Lust haben oder Rückschläge Sie kurzfristig ins Aus schießen. Doch Ihre Leidenschaft wird Ihnen dabei helfen, auch diese Tage zu überstehen und weiter am Ball zu bleiben. Ihre Arbeit nimmt einen Großteil des Tages ein. Umso wichtiger ist es, diese Stunden mit Dingen zu füllen, die Ihnen wirklich etwas bedeuten. Ist das absolut nicht der Fall, dann ist es möglicherweise an der Zeit, sich beruflich noch einmal umzuorientieren oder den Arbeitgeber zu wechseln.

Tipp #6: Definieren Sie Ihre eigenen Ziele

Allzu oft kommt es vor, dass wir Zielen hinterhereifern, die gar nicht unsere eigenen sind. Ohne es kritisch zu hinterfragen, versuchen wir dann möglicherweise, es unseren Eltern, Partnern oder „der Gesellschaft" recht zu machen. Wir tun Dinge, „weil man das eben so macht", und studieren etwas, von dem wir glauben, damit gut angepasst und sozial akzeptiert leben zu können. Diese Ziele werden Ihnen nicht dabei helfen, trotz Höhen und Tiefen diszipliniert dabei zu bleiben. Früher oder später werden Sie feststellen, dass Ihnen die Motivation fehlt – oder Sie werden sich immer träger, müder und antriebsloser fühlen. Es wird vermutlich der Punkt kommen, an dem nette Kollegen und ein gutes Einkommen nicht mehr ausreichen, um Sie dazu zu bringen, morgens energiegeladen zur Arbeit zu erscheinen.

Lernen Sie daher, Ihre eigenen Ziele von denen anderer zu unterscheiden. Natürlich ist es trotzdem möglich, irgendwo angestellt in einem Betrieb zu arbeiten – jedoch nur, wenn es mit Ihren eigenen Normen, Werten und Motiven kompatibel ist. Hören Sie auf Ihren inneren Kompass und auf Ihr Gefühl. Bleiben Sie nicht unnötig lang an einem Ort oder in einer beruflichen Situation, in der Sie sich nicht wohlfühlen. Es kann sich zwar kurzfristig bequemer anfühlen – langfristig zahlen Sie jedoch einen hohen Preis dafür: Ihren Antrieb, Ihre Motivation und Ihre Lebenskraft.

Tipp #7: Erstellen Sie sich ein Visionboard

Ein Visionboard ist eine kreative Technik, mit der Sie Ihre Ziele visuell darstellen können. Im Wesentlichen handelt es sich um eine Kollage aus Bildern, Texten und Symbolen, die Ihre Ziele, Wünsche und Träume repräsentieren. Typischerweise wird ein Visionboard auf einem Poster- oder Kartonbrett erstellt, auf das Sie Bilder und Wörter aus Zeitschriften, Zeitungen oder dem Internet aufkleben. Es gibt jedoch auch Möglichkeiten, Visionboards digital zu erstellen, beispielsweise auf Websites wie Pinterest. Das Visionboard ist außerdem eine gute Methode, wenn Ihre Ziele noch nicht konkret formulierbar sind. Indem Sie verschiedene Elemente zusammensammeln, zu denen Sie sich intuitiv hingezogen fühlen, entsteht dennoch ein atmosphärisches Gesamtbild, ein Lebensgefühl. Indem Sie öfter einmal einen Blick darauf werfen, werden Sie sich automatisch in diese Richtung hin ausrichten.

Die Idee hinter einem Visionboard ist, dass die Visualisierung ein Schlüssel dafür ist, im Außen das zu manifestieren, was Sie sich im Inneren wünschen. Indem Sie Ihre Ziele und Wünsche visualisieren und sie regelmäßig betrachten, senden Sie positive Energie aus und ziehen die Dinge an, die Sie in Ihrem Leben erreichen möchten. Darüber hinaus handelt es sich um eine kreative Ausdrucksform, die es Ihnen ermöglicht, über Ihre Träume zu reflektieren und Ihre Ideen sprießen zu lassen.

Tipp #8: Lernen Sie ständig dazu

Machen Sie persönliche Weiterentwicklung zu einer Routine – nicht nur zu etwas, das Sie tun, wenn es Probleme gibt. Dadurch erweitern Sie ständig Ihre Fähigkeiten und Perspektiven, was Sie zu einer vielseitigeren und kompetenteren Arbeitskraft werden lässt. Darüber hinaus machen Sie es sich so zur Gewohnheit, in etwas ein Anfänger zu sein. Sie verlieren die Angst davor, etwas nicht zu wissen oder unerfahren zu sein, und lernen vielmehr, dass diese Dinge dazugehören, wenn man sich weiterentwickeln möchte. Außerdem haben Sie dadurch ständig neue, kleine Ziele, die Sie verwirklichen können. Dies wiederum stärkt Ihr Selbstvertrauen und Ihr Selbstwirksamkeitsempfinden. Dadurch, dass Sie immer wieder frischen Wind in Ihre Arbeit bringen, macht die Arbeit mehr Spaß, da immer neue Perspektiven und neues Wissen einfließen.

Tipp #9: Holen Sie Feedback ein
Viele Menschen haben regelrecht Angst davor, wenn andere Ihnen ein Feedback geben oder gar Kritik äußern. Das ist schade – ist es doch unglaublich wertvoll, eine Rückmeldung von außen zu bekommen. Nur so wissen wir, wie andere uns einschätzen und wie man uns von außen wahrnimmt. Machen Sie es sich also zur Gewohnheit, andere nach einem Feedback zu fragen:

→ Fragen Sie im Arbeitsverhältnis Ihre Vorgesetzten im Rahmen von Entwicklungsgesprächen.

→ Falls Sie selbst Mitarbeiter beschäftigen, bringen Sie regelmäßig die Arbeitszufriedenheit in Erfahrung.

→ Wenn Sie Präsentationen, Referate oder Ähnliches gehalten haben, fragen Sie die Zuhörer nach Feedback.

→ Fragen Sie Kunden nach deren allgemeiner Zufriedenheit mit der Zusammenarbeit.

Nicht nur Mitarbeiterinnen, sondern auch Führungskräfte sollten stets empfänglich für Feedback sein. Lernen Sie, die Rückmeldung anderer als wertvolle Impulse für Weiterentwicklung und Veränderung anzunehmen.

Tipp #10: Machen Sie Pausen!

Egal, wie motiviert Sie sind, sich beruflich selbst zu verwirklichen: Achten Sie darauf, sich nicht zu überarbeiten. Wenn Sie sich keine Pausen gönnen, werden Sie irgendwann ausbrennen. Außerdem sind Ruhephasen wichtig, um das Gehirn auszuruhen und das Erlebte zu integrieren. Nehmen Sie sich daher regelmäßig Zeit, die Sie außerhalb der Arbeit verbringen und in der Sie im Idealfall auch nicht erreichbar sind. Lernen Sie, welche Aktivitäten Ihnen dabei helfen, sich zu entspannen und zu regenerieren. Tun Sie in Ihrer Freizeit Dinge, die Ihnen wirklich guttun und die gut für Körper und Seele sind. Wenn Sie sich nach einem langen Arbeitstag mit einer schönen Aktivität selbst belohnen, dann hat das auch noch einen weiteren Vorteil: Ihr Unterbewusstsein speichert die Belohnung im Zusammenhang mit der Arbeit ab. Sie konditionieren sich damit sozusagen selbst, was gut für Ihre Motivation und Arbeitsmoral ist.

Abschluss: Ihr persönlicher Aktionsplan

Am Ende dieses Buches angekommen, haben sie vermutlich einiges über sich selbst gelernt. Vielleicht haben Sie sich an der einen oder anderen Stelle auch ertappt gefühlt. Wenn Sie nur eine einzige Information aus diesem Buch mitnehmen, dann hoffentlich diese: Das Mindset beeinflusst alles, was wir erleben und tun. Deshalb ist es wichtig, aufmerksam mit den eigenen Gedanken, Gefühlen und Glaubenssätzen zu sein.

Erinnern Sie sich an unsere beiden Protagonisten Xenia und Maik? Wenn wir deren Geschichten ohne oder mit innerer Arbeit weiterspinnen, was glauben Sie, wie sie jeweils weitergehen würden?

Xenia wurde geschildert als eine unsichere junge Frau, die Probleme damit hat, sich anderen gegenüber zu behaupten. Da sie ein starkes Rückzugsverhalten an den Tag legt und sich häufig nicht überwinden kann, sich ihren Ängsten zu stellen, ist es denkbar, dass diese sie auch in anderen Lebensbereichen behindern. Vermutlich wird sie auch im Studium oder Berufsleben ihr eigenes Potenzial nicht ausleben, weil sie sich häufig schüchtern und gehemmt fühlt. Diese Dynamiken können noch lange so weitergehen.

Doch was würde passieren, wenn Xenia es schafft, sich mit ihren inneren Glaubenssätzen auseinanderzusetzen? Wenn sie feststellt, dass so viel mehr möglich ist – und die Unsicherheit und Gehemmtheit hauptsächlich in ihrem Inneren entstehen? Dann könnte sie sich bewusst an die Aufgabe machen, diese Glaubenssätze schrittweise aufzulösen. Indem sie sich ihre eigenen Ressourcen bewusst macht, würde es ihr öfter gelingen, ihre Komfortzone zu verlassen und sich ihren Unsicherheiten zu stellen. Dadurch, dass sie sich selbst nun häufiger als mutig erlebt, wächst ihr Selbstwertgefühl und sie fühlt sich schon bald deutlich zufriedener mit sich selbst. Sie beginnt, sich ihre Träume zu erlauben und Ziele zu verfolgen. Auch wenn ihr früheres Leben nicht unbedingt „schlecht" war, erlebt sie plötzlich eine neue Art der Lebensfreude und Lebendigkeit.

Und wie könnte die Geschichte von Maik weitergehen, dem Softwareentwickler, der unzufrieden mit seiner beruflichen Laufbahn ist? Maik könnte sicherlich noch den Rest seines Berufslebens ärgerlich darüber sein, dass er niemals ein Studium abgeschlossen hat. Seine limitierenden Glaubenssätze halten ihn klein. Obwohl er großes Talent besitzt, würde er sich möglicherweise niemals zutrauen, dieses auch voll zu entfalten.

Alternativ wäre es auch denkbar, dass Maik beschließt, etwas daran zu verändern. Er reflektiert sich selbst aufmerksam und stellt fest, dass er weitere Aus- und Weiterbildungen benötigt, um sich selbstbewusst und sicher im Beruf zu fühlen. Also spricht er mit seinem Arbeitgeber, der ihn als Mitarbeiter sehr schätzt und gewillt ist, ihm bei der Finanzierung unter die Arme zu greifen. Maik beginnt, sich neben der Arbeit weiterzubilden, macht vielleicht sogar einen Abschluss in einem anerkannten Fernstudium. Je mehr er lernt, umso selbstbewusster wird er. Durch die Techniken, die in den Kapiteln über Zeitmanagement und Resilienz vermittelt worden sind, fällt es ihm leichter, mit der Doppelbelastung von Arbeit und Ausbildung umzugehen. Je mehr Maik lernt, umso mehr fällt ihm möglicherweise auf, dass im Studium vieles gelehrt wird, was er eigentlich bereits weiß. Ihm wird dadurch klar, dass es gar nicht so sehr das fehlende Studium war, was ihn zurückhielt – es war seine Einstellung zur Bildung. Statt also weitere Zertifikate zu erwerben, arbeitet er nun bewusst an seinen limitierenden Glaubenssätzen. Bald schon ist er in der Lage, sich viel selbstbewusster und sicherer zu präsentieren, was dazu führt, dass er in seinem Unternehmen befördert wird.

Sie sehen – die innere Einstellung ist die Basis für unseren Erfolg und unser Lebensglück. Sie beeinflusst, ob wir die schönen Dinge im Leben sehen und genießen können oder ob wir uns nur auf all das konzentrieren, was möglicherweise mangelhaft ist. Alles, was wir wahrnehmen und erleben, sehen wir durch den Filter unserer eigenen Brille.

Wenn Sie nun festgestellt haben, dass diese Brille etwas beschlagen zu sein scheint und die Sonnenstrahlen nicht durchkommen – verzagen Sie nicht! Unsere innere Welt können wir häufig mehr beeinflussen als die äußere. Und mehr noch: Verändert sich Ihr Denken, verändert sich meist auch Ihre ganze Welt.

Über die Macht der Routinen haben Sie bereits etwas gelesen. Aus diesem Grund lege ich Ihnen ans Herz, kleine oder je nach Bedarf manchmal auch etwas umfangreichere Routinen in Ihren Tagesablauf einzubauen. Um Ihnen diesen Schritt zu erleichtern, möchte ich Ihnen noch einmal in einer Kurzfassung jene Übungen als Übersicht präsentieren, die sich gut dafür eignen. Diese Übersicht soll Ihnen eine Stütze im Alltag sein, in der Sie schnell nachschlagen können, wenn Sie eine Übung praktizieren möchten, jedoch nicht so recht wissen, welche. Bauen Sie diese Übungen möglichst häufig in Ihren Alltag ein – Sie werden nach kurzer Zeit sehen, dass sich Dinge verändern.

Übungen für die Morgen- oder Abendroutine

Meditation: Setzen Sie sich für ein paar Minuten bequem hin und beobachten Sie dabei wertungsfrei Ihre Gedanken. Diese Übung eignet sich wunderbar für die Morgen- oder Abendroutine, kann aber auch zwischendurch durchgeführt werden, wenn Sie spüren, dass Sie viele Gedanken im Kopf haben.

Nutzen: Sie werden reflektierter und lernen sich selbst besser kennen.

Stream of Consciousness: Diese Übung funktioniert am besten morgens direkt nach dem Aufwachen, weil Sie dann noch am meisten mit Ihrem Unterbewusstsein verbunden sind. Schreiben Sie für etwa 20 Minuten ungefiltert alles auf, was Ihnen durch den Kopf geht.

Nutzen: Sie machen sich die inneren Dynamiken und Selbstgespräche bewusst. Außerdem können Sie unbelasteter in den Tag starten, weil Sie alles, was Ihnen durch den Kopf ging, einmal aufgeschrieben haben.

Affirmationen: Entwickeln Sie Affirmationen, die Ihnen dabei helfen, sich weiterzuentwickeln und negative Glaubenssätze zu transformieren. Finden Sie eine feste Routine, um sich diese Affirmationen immer wieder selbst zu sagen.

Nutzen: Sie werden selbstbewusster und zufriedener.

Die ABC-Methode: Ordnen Sie die Aufgaben des Tages in verschiedene Kategorien ein, um klug zu priorisieren.

Nutzen: Sie reduzieren Stress und gewinnen Klarheit.

Dankbarkeit: Überlegen Sie sich regelmäßig, wofür Sie in Ihrem Leben dankbar sind. Dehnen Sie diese Übung auch auf Ihre Beziehungen aus.

Nutzen: Sie fühlen sich glücklicher und führen bessere Beziehungen.

Übungen für Zwischendurch

Erkennen Sie Warnsignale: Wenn Sie spüren, dass Sie im Alltag öfter negative Gefühle oder Gedanken haben, dann halten Sie einen Moment inne. Überprüfen Sie Ihr Denken und Fühlen auf die beschriebenen Warnsignale und finden Sie heraus, ob möglicherweise limitierende Glaubenssätze dahinterstecken.

Nutzen: Sie erlangen mehr Einsicht in Ihre innere Welt.

Kommen Sie Ihren Glaubenssätzen auf die Spur: Wenn Sie feststellen, dass Sie in einer Situation unangenehme Gefühle verspüren, die möglicherweise auf negative Glaubenssätze zurückzuführen sind, dann stellen Sie sich (am besten schriftlich) 3 Fragen: Welches Gefühl haben Sie gespürt? In welcher Situation ist das Gefühl aufgetaucht? Welcher Glaubenssatz steckt dahinter?

Nutzen: Sie erhalten Klarheit über das, was Sie in der Tiefe bewegt.

Gedankenstopp: In Situationen, in denen Sie spüren, dass Ihre Gedanken kreisen und Sie belasten, sagen Sie sich innerlich laut „STOPP". Diese Übung ist gut geeignet, wenn Sie sich dabei ertappen, wie Sie schlecht über sich selbst denken. Das „Stopp" nutzen Sie als Reset-Mechanismus, um danach zu versuchen, gedanklich die Richtung zu ändern.

Nutzen: Sie verlieren sich nicht mehr in Gedankenkreisen und können bewusst eine Grenze setzen.

Die Komfortzone verlassen: Machen Sie jeden Tag eine kleine Sache, die Sie aus Ihrer Komfortzone bringt.

Nutzen: Sie werden mutiger und selbstbewusster.

Nach Unterstützung fragen: Lernen Sie, andere um Rat und Unterstützung zu fragen. Fangen Sie mit Personen an, bei denen es Ihnen besonders leichtfällt, und steigern Sie sich dann langsam.

Nutzen: Sie verlieren die Hemmungen, andere um etwas zu bitten.

Die Eisenhower-Methode: Ordnen Sie die To-dos Ihres Tages in eine Matrix ein, um deren Relevanz zu reflektieren.

Nutzen: Sie erlangen mehr Klarheit über die Relevanz Ihrer Aufgaben und reduzieren Stress.

Hören Sie aktiv zu: Lernen Sie die Technik des aktiven Zuhörens, wenn Sie in Gesprächen sind.

Nutzen: Sie werden empathischer und führen tiefere Beziehungen.

Erlauben Sie sich, zu träumen: Nehmen Sie Ihre Träume (auch Tagträume) ernst – Sie erfahren dadurch viel über Ihre Zukunftsvisionen und Wünsche.

Nutzen: Sie lassen neue Gedanken zu, ohne sich selbst zu zensieren.

Übungen für die Selbstreflexion

Entlarven Sie übernommene negative Annahmen: Überprüfen Sie Ihre Glaubenssätze daraufhin, ob es wirklich Ihre eigenen sind – oder ob Sie sie vielleicht von anderen übernommen haben. Fällt Ihnen eine bestimmte Person ein, die Sie mit einem Glaubenssatz in Verbindung bringen? Wenn ja: Überlegen Sie, welches emotionale „Erbe" Sie von dieser Person mitgenommen haben.

Nutzen: Sie können bestimmte Glaubenssätze leichter loslassen.

Identifizieren Sie die Lebensbereiche, in denen Ihre Glaubenssätze Sie zurückhalten: Gibt es Lebensbereiche, in denen es irgendwie nie so richtig gut zu laufen scheint, ohne dass es einen offensichtlichen Grund gibt? Notieren Sie sich diese Lebensbereiche und überprüfen Sie, ob es hier bestimmte Glaubenssätze gibt, die es Ihnen schwer machen.

Nutzen: Sie können herausfinden, wo Ihre Glaubenssätze Sie behindern.

Kennen Sie die 30 häufigsten negativen Glaubenssätze: Gehen Sie die Liste durch und spüren Sie in sich hinein, welche Glaubenssätze in Ihnen ein starkes Gefühl auslösen, um bei diesen Sätzen genauer hinzuschauen. Formulieren Sie die Sätze gegebenenfalls etwas um, sodass Sie perfekt zu Ihnen passen.

Nutzen: Sie kommen Ihren eigenen Glaubenssätzen auf die Spur.

Verbalisieren Sie Ihren inneren Dialog: Sagen Sie sich selbst oder einer anderen Person für einen bestimmten, vorher festgelegten Zeitraum alles, was Ihnen durch den Kopf geht.

Nutzen: Sie erfahren, was in Ihnen vorgeht.

Negative Glaubenssätze überwinden: Finden Sie heraus, welche negativen Glaubenssätze Sie haben und kehren Sie diese ins Gegenteil um. Diese gegenteiligen Sätze nutzen Sie nun als Affirmationen im Alltag.

Nutzen: Sie werden zufriedener, selbstbewusster und entspannter.

Die 10-10-10-Methode: Bevor Sie eine wichtige oder schwierige Entscheidung treffen, stellen Sie sich folgende Fragen: Wie werde ich über meine Entscheidung in 10 Minuten denken? Wie werde ich über meine Entscheidung in 10 Monaten denken? Wie werde ich über meine Entscheidung in 10 Jahren denken?

Nutzen: Sie gewinnen Abstand, um die Entscheidungssituation einmal von außen zu betrachten.

Formulieren Sie SMARTe Ziele: Schreiben Sie sich nach der SMART-Methode auf, was Sie in Zukunft erreichen wollen, um Ihre Ziele auch wirklich umzusetzen.

Nutzen: Es wird Ihnen leichterfallen, Ihre Ziele zu realisieren.

Die WOOP-Methode: Nutzen Sie diese Methode, um Ihre Ziele und mögliche Hindernisse zu visualisieren, sodass Sie diese (falls Sie eintreten sollten) leichter überwinden können.

Nutzen: Sie gehen entspannter mit Hindernissen um, die auf Ihrem Weg auftauchen können.

Erstellen Sie ein Visionboard: Sammeln Sie Bilder und Texte, die Sie zu einer Kollage zusammenstellen, welche Ihre Wünsche, Ziele und Träume visuell darstellt.

Nutzen: Sie haben bildlich vor Augen, wohin Sie sich entwickeln möchten und was Ihnen dabei helfen wird, Ihre Visionen umzusetzen.

Quellen

50Minuten. (2018). *Die SMART-Methode: 5 Kriterien für gut definierte Ziele.* Business 50Minuten.de.

Allen, D. (2015). *Wie ich die Dinge geregelt kriege. Selbstmanagement für den Alltag.* München: Piper.

Birkenbihl, V. F., Neil, J., & Gerlach, P. (2005). *Positives Denken von A bis Z: So nutzen Sie die Kraft des Wortes, um Ihr Leben zu ändern.* München: mvg Verlag.

Böck, L. (2022). *Die 7 Geheimnisse der Persönlichkeitsentwicklung: Wie du ein positives Mindset entwickelst und zur besten Version deiner selbst wirst!* Independently Published.

Brahm, A. (2021). *Im stillen Meer des Glücks – Handbuch der buddhistischen Meditation. Ratgeber für Praxis und Theorie. Meditieren im Alltag für mehr Achtsamkeit. Angstfrei leben, Stress besiegen, den Geist beruhigen.* Köln: Anaconda.

Burton, V. (2012). *Successful Women Think Differently. 9 Habits to Make You Happier, Healthier, & More Resilient.* Eugene, OR: Harvest House Publishers.

Clear, J. (2020). *Die 1%-Methode – Minimale Veränderung, maximale Wirkung: Mit kleinen Gewohnheiten jedes Ziel erreichen – Mit Micro Habits zum Erfolg.* München: Goldmann.

Desikachar, T. K. V. (2023). *Über Freiheit und Meditation. Die Yoga Sutra des Patanjali. Asanas, Pranayama und Yoga-Philosophie für den Alltag zuhause. Das umfassende Yoga-Buch.* Petersberg bei Fulda: Via Nova.

Drechsler, P. (2021). *Gewohnheiten der Gewinner: In 3 Schritten zu mächtigen Erfolgs-Routinen. Mühelos mehr Sport machen, gesünder leben, produktiver arbeiten und bessere Beziehungen pflegen.* [Self-published by Patrick Drechsler]

Dweck, C. (2017). *Selbstbild: Wie unser Denken Erfolge oder Niederlagen bewirkt. Selbstbewusstsein und Selbstwertgefühl stärken.* München: Piper Taschenbuch.

Fröhlich-Gildhoff, K. (2022). *Resilienz.* München: UTB.

Gottman, J. (2002). *Die 7 Geheimnisse der glücklichen Ehe.* Berlin: Ullstein Taschenbuch Verlag.

Havener, T., & Spitzbart, M. (2010). *Denken Sie nicht an einen blauen Elefanten!: Die Macht der Gedanken.* Hamburg: Rowohlt Taschenbuch.

Hay, L., & Schulz, M. L. (2019). *Heile deine Gedanken, heile dein Leben. Innere Balance finden durch Affirmationen und ganzheitliche Medizin.* München: Heyne.

Heining, N. (2018). *Glücksprinzipien. Mit dem fundierten Erkenntnisschatz der Positiven Psychologie zu mehr Lebensfreude, Erfolg und einem gelingenden Leben.* Berlin: Springer.

Heller, A. S., Fox, A. S., Wing, E. K., McQuisition, K. M., Vack, N. J., & Davidson, R. J. (2015). The Neurodynamics of Affect in the Laboratory Predicts Persistence of Real-World Emotional Responses. *Journal of Neuroscience, 35*(29). https://doi.org/10.1523/JNEUROSCI.0569-15.2015

Jachtchenko, W. (2023). *Die Kraft der Positiven Psychologie: Mit dem richtigen Mindset zu mehr Selbstbewusstsein und Gelassenheit.* Remote Verlag.

Kabat-Zinn, J. (2019). *Gesund durch Meditation. Das große Buch der Selbstheilung mit MBSR.* München: Knaur MensSana.

Kuehl, A.-L. (2021). *NLP für Anfänger – Das richtige Mindset für Ihre Persönlichkeitsentwicklung: Wie Sie Ihre Gedanken kontrollieren und das eigene Unterbewusstsein programmieren, um erfolgreicher im Leben zu werden.* Independently Published.

Losier, M. J. (2010). *Das Gesetz der Anziehung. Meister werden in der Kunst des Lebens.* München: Heyne.

Morin, A. (2016). *13 Dinge, die mental starke Menschen NICHT tun. Für alle, die sich heute besser fühlen möchten als gestern.* Frankfurt am Main: Fischer Taschenbuch.

Nafousi, R. (2023). *Manifestiere! Die sieben Schritte, um deine Träume wahr werden zu lassen.* Wachtendonk: Integral.

Newport, C. (2017). *Konzentriert arbeiten. Regeln für eine Welt voller Ablenkungen.* München: Redline.

Ott, U. (2019). *Meditation für Skeptiker. Ein Neurowissenschaftler erklärt den Weg zum Selbst.* München: Knaur MensSana.

Preisendörfer, P. (2013). *Glaubenssätze & Überzeugungen. Von mentaler Selbstsabotage zu innerer Stärke und Ausstrahlung.* Aitrang: Windpferd.

Pusch, C., & Reichhart, T. (2023). *Resilienz-Coaching: Ein Praxismanual zur Unterstützung von Menschen in herausfordernden Zeiten.* Heidelberg: Springer.

Robbins, A. (2017). *Das Robbins Power Prinzip: Befreie die innere Kraft. Schluss mit Fremdbestimmung, Frustration und Unsicherheit.* Berlin: Ullstein.

Sachse, R., & Sachse, C. (2020). *Wie ruiniere ich meine Beziehung — aber endgültig.* Stuttgart: Klett-Cotta.

Schäfer, B. (2023). *Die Gesetze der Gewinner: Erfolg und ein erfülltes Leben.* München: dtv.

Schnarch, D. (2016). *Die Psychologie sexueller Leidenschaft.* Stuttgart: Klett-Cotta.

Schoch, S. (2024). *Routinen für den Erfolg. Mehr Effizienz, weniger Stress, persönlicher Triumph.* London: Ganz Medizin Energie Praxis Ltd.

Sehrt, N. (2020). *Liebe passiert, Beziehung ist Arbeit. Wie eine gute Partnerschaft gelingt.* München: ZS Verlag.

Seligman, M. (2005). *Der Glücks-Faktor. Warum Optimisten länger leben.* Bergisch Gladbach: Lübbe.

Seligman, M. (2012). *Flourish. Wie Menschen aufblühen.* München: Kösel.

Schwier, M. (2021). *Mit einem Lächeln. 100 Übungen zur Positiven Psychologie.* Paderborn: Junfermann.

Stahl, S. (2017). *Jeder ist beziehungsfähig. Der goldene Weg zwischen Freiheit und Nähe.* München: Kailash.

Thiele, C. (2023). *Job Crafting. Erfüllter und erfolgreicher arbeiten mit Hilfe der Positiven Psychologie.* Wiesbaden: Springer Fachmedien.

Walter, B. (2022). *Mindset-Psychologie: Durch positive Psychologie & Persönlichkeitsentwicklung zu mehr Motivation, Selbstdisziplin & Glück im Leben.* Independently Published.

Williams, T. (2023). *Mentale Gesundheit und ein erfolgreiches Mindset: Die Reise zum Erfolg beginnt mit DIR.* Independently Published.

Zurhorst, E. M. (2009). *Liebe dich selbst und es ist egal, wen du heiratest.* München: Goldmann.

Zurhorst, E. M., & Zurhorst, W. (2011). *Liebe dich selbst und freu dich auf die nächste Krise.* Goldmann.